淘宝赢家

淘宝 SEO 实战密码

迅途网商学院　编著

机械工业出版社

淘宝的搜索规则一直在变，有的因素权重在增加，有的因素权重在减少，甚至被取消，这实际上给淘宝的 SEO 工作带来了很多的困难。但事物背后总是有其自身的本质规律，淘宝搜索规则变化的背后也一定会有不变的影响因子。

本书中，更重要的应该是对不变因子的探讨，也许有些规则在读者看到本书时已经发生了改变，但其根本原则是不会变的。淘宝搜索规则变化的背后会遵循三个利益基点：买家利益基点——满意的购物体验；卖家利益基点——公平竞争；平台利益基点——流量的充分利用。每一个规则的变化都是围绕着这三个基点进行的，这也是本书重点要传递给各位淘宝卖家的核心理念。

图书在版编目（CIP）数据

淘宝 SEO 实战密码 / 迅途网商学院编著. —北京：机械工业出版社，2014.4（2016.2 重印）
（淘宝赢家）
ISBN 978-7-111-46159-3

Ⅰ. ①淘… Ⅱ. ①迅… Ⅲ. ①电子商务－商业经营－基本知识－中国 Ⅳ. ①F724.6

中国版本图书馆 CIP 数据核字（2014）第 050075 号

机械工业出版社（北京市百万庄大街 22 号 邮政编码 100037）
策划编辑：杨 源
责任编辑：杨 源
责任印制：李 洋
北京汇林印务有限公司印刷

2016 年 2 月第 1 版 · 第 3 次印刷
169mm×239mm · 10.25 印张 · 206 千字
5801—7000 册
标准书号：ISBN 978-7-111-46159-3
定价：35.00 元

凡购本书，如有缺页、倒页、脱页，由本社发行部调换

电话服务	网络服务
社服务中心：（010）88361066	教 材 网：http://www.cmpedu.com
销售一部：（010）68326294	机工官网：http://www.cmpbook.com
销售二部：（010）88379649	机工官博：http://weibo.com/cmp1952
读者购书热线：（010）88379203	**封面无防伪标均为盗版**

前　言

写给淘宝卖家的一封信：

亲：

你好！

当看到这封信的时候，不管你是天猫，还是C店，也不管你是金冠以上的大卖家，还是仅仅拥有一颗心的小卖家，你都应该为自己鼓掌。因为能坚持走在电商这条路上是需要勇气的。

未来是属于电子商务的，或许每一个淘宝卖家都听过下面三句话中的至少一句：

“未来每家公司都是电子商务公司，都将借助电商销售产品。”

“未来10年，电子商务规模将增长250倍！”

“未来每家公司都要借助互联网作为它的营销渠道。”

如果没听过，那么说这三句话的人一定认识：

原阿里巴巴集团主席和首席执行官——马云，

创新工场董事长兼首席执行官、原谷歌全球副总裁兼中国区总裁——李开复，

百度公司董事长兼首席执行官——李彦宏。

在他们的鼓励下，我们义无反顾地投身到电子商务的浪潮当中，但是很多时候却发现：理想很丰满，现实很骨感。因为下面的这些问题，把很多淘宝卖家，尤其是很多中小卖家“折磨”得抓狂却又无可奈何：

- ◆ 20%的天猫和皇冠店截走了绝大部分搜索流量，留下来的极小部分才施舍给中小卖家。
- ◆ 店铺没信誉，宝贝没销量，好不容易来几个顾客，来了却又都

走了，转化率低得惨不忍睹。

◆ 论坛也做了，淘江湖也玩了，微博也开了，群发也发了，但是，流量呢？

◆ “我就剩下快管顾客叫爹了，可是他们还是不买！”好不容易磨叽了半天儿的时间，悲催啊，他竟然只买了 10 块钱的东西……

◆ 我的产品已经很好了，但还是没有回头客，我只能不断在开发新客户的路上艰难前行。

◆ 同样的产品，顾客宁愿去皇冠店买贵的，也不愿意来我这里买便宜的，难道仅仅是因为我的信誉低吗？

◆ 没有好货源，愁死我了！

◆ 直通车怎么开、活动怎么报？……抓狂中！

……

而在这些问题当中，可能最让中小卖家纠结的是流量，尤其是来自于淘宝的自然搜索流量。先看看下面这个“残酷”的事实吧：

一位美女刚刚发工资，于是，她想奖励一下自己——买一件连衣裙，所以她打开了淘宝，然后在搜索框中输入“连衣裙”三个字，并单击了“搜索”按钮，出现了下面的搜索结果：

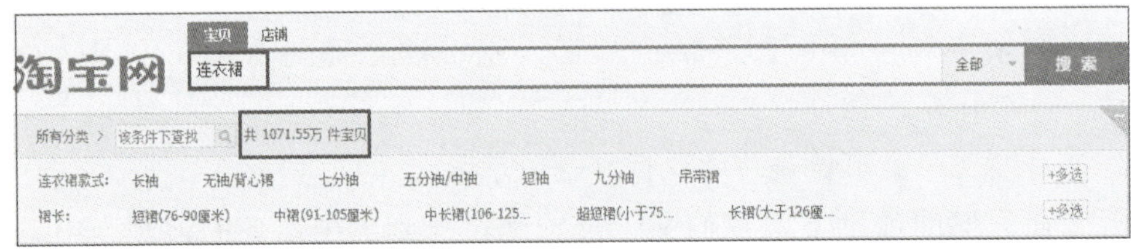

亲，看到方框里面的数字了么：1071.55 万件！也就是说如果你是卖连衣裙的，理论上有超过 1000 万件的商品在淘宝上跟你竞争。再看下面的图：

右上角的方框显示，淘宝将会推荐 100 页的商品作为搜索结果展现在这位美女面前，其中第一页会展示 44 件，从第二页开始每页展示 40 件，44+40×99=4004。只有 4004 件商品会被推荐？你有没有想过，有几个消费者在淘宝上购物时会有耐心翻到第 100 页才下单购买呢？也许最多到第十页，消费者的购买行为就已经结束了，事实上，绝大部分消费者在第五页之前就会买到自己心仪的商品。所以，不是 4004 件，而是再缩小 10 倍，只有 400 件左右（甚至是 200 件）的商品有机会成交。

这就意味着，在顾客进行搜索时，如果你的宝贝不能排进前 400 名，即使商品获得了推荐也是没有任何意义的。可是，1000 多万件商品，淘宝凭什么让你的宝贝排在前 400 名呢？与百度等搜索引擎一样，作为购物搜索引擎，淘宝搜索也是要有算法的，虽然你不可能知道算法的具体详细规则（因为那一定是商业机密），但是如果你能够通过优化，尽可能去迎合这种算法和规则，你的宝贝是不是就有了更多的机会呢？这就是淘宝 SEO 的意义所在。

自然搜索流量对于店铺而言不但是免费的，更重要的是——精准，因为只有一个有明确减肥需求的人（卖减肥产品的商家搜索除外）才会在搜索框中输入“减肥”，同样一个搜索“韩版 连衣裙”的顾客可能对除了韩版以外其他风格的连衣裙并不是特别感兴趣。

也许你还在抱怨“二八原则”（20%的大卖家分走了80%以上的流量，甚至这个比例还可能更高）在淘宝搜索时发挥的作用，但实际上却是：大卖家之所以获得了更多的流量，是因为他们比中小卖家更了解淘宝的规则，在自然搜索的优化方面做了更多的努力。

也许你还会说：影响宝贝排名的因素有近200个，淘宝的搜索规则又在不断地发生着变化，我们怎么去优化，应该从何处着手？

OK，当你拿到这本书的时候，恭喜你！你找到了答案。这本《淘宝SEO实战密码》是目前市场上第一本，也是唯一一本系统地讲解淘宝SEO的实战类淘宝运营书籍。这是迅途网商学院“淘宝赢家”实战淘宝运营系列书籍的第一本，本书具有如下特点：

- 系统性。最系统的关于淘宝SEO的讲解。
- 实战性。手把手实战操作教程，每个人都能轻松地依靠自然搜索获取大量的精准免费流量。
- 前沿性。紧紧抓住淘宝搜索规则的最新动态，从搜索的本质出发，让所有的规则变化都“无所遁形”。
- 方向性。从根源上挖掘淘宝搜索规则变化的趋势，对未来做出预判，料敌先机，抢占制高点。

期待与你交流！

参与本书编写的人员包括高学争、罗龙生、翟亿明。

迅途老高

2014年3月　于天津

目 录

开篇必读：淘宝搜索排序规则的三个基点

事实上，当你拿到这本书时，千万不要迫不及待地就翻到第 1 章开始阅读，“开篇阅读”是你一定要仔细消化并完全吸收的，因为这将是你学习并掌握淘宝 SEO 各种方法和技巧的“九阳神功”。

就像前面所说的，据不完全统计，截止到目前为止，可能会影响淘宝商品搜索排名的因素有 200 多个（这其中包括淘宝搜索官方公布的、业内人士分析出来的、诸多淘宝卖家“猜测”的，等等），并且更让人纠结的是：你很难判断这些因素的权重。当然，这还不算是最“恐怖”的，因为你会发现，淘宝的搜索排序规则几乎一直在变，变化的速度到了你还没有弄明白现在的规则是怎么回事时，新的规则就出现了。看起来，唯一不变的就是变化。

很多中小卖家每天被这些规则玩得团团转，最终却发现店铺的流量并没有多大的增加。当然，也许还会有一些人告诉你：不要做淘宝 SEO，只要用心做好你的产品和服务就 OK 了！但实际情况真的是这样吗？显然不是，否则这本书还有什么意义呢？

言归正传，要想做好淘宝 SEO，先了解一件事情，一件非常重要的事情：淘宝为什么要制定这些排序规则，而各个卖家为什么极度地关注这些规则？你也许会说：“这不是废话么，当然会关注了，因为这些直接关系到我们的切身利益啊，没有排名就没有展现，没有展现就没有流量，没有流量就不会有订单，这道理谁不懂！”没错，就是“利益”。这是淘宝制定搜索排序规则的根本基点，让谁展现，不让谁展现，让谁排在第一页，谁排在第 100 页，说到底全都是因为利益。

OK，那如果知道在淘宝这个生态链中每一个参与者的利益诉求是什么的话，是不是对于我们理解淘宝的搜索规则，从而更好地做优化要有很大的帮助呢？答案是显而易见的，因为淘宝搜索排序规则的出发点一定是让每一个参与者的利益都尽可能得到最大化的满足。只要能找到淘宝这个平台上所有参与者的根本利益诉求点，就能挖掘出这 200 多个因素之中所隐藏的关于淘宝搜索规则制定和变化的最根本的因子。那么，在淘宝这个大的生态链中，最关键的参与者有哪些呢？是卖家、买家、淘宝平台自身。下面就来分析在淘宝上，这三个参与者各自的利益诉求点分别是什么，而这也将成为我们进行淘宝 SEO 工作的基点。

1. 卖家需要的是公平竞争

目前在淘宝上有八九百万的卖家（活跃用户肯定没有这么多），很显然，每一个卖家最直接的利益诉求一定是让自己能够多卖货，要想多卖货就要得到更多的流量，也就是要有更好的排名。可是，这么多的卖家，淘宝到底应该让谁有更好的排名呢？你会发现，这时候对于所有的卖家而言，全部都能获取最大利益的方法只有一种：公平竞争。

因此，在淘宝的搜索排序规则中，为了能让每一个卖家都能够获取利益，一定会把公平竞争放在非常重要的位置上。那么，在淘宝将近200多个因素当中，凸显公平的原则有哪些呢？

最重要的当然是下架时间的规则，这是最公平的。任何一件商品，只要不是违规的，没有被降权，就都有展示的机会，并且机会是均等的。事实上，在淘宝发展早期，淘宝搜索排名最重要的规则就是下架时间，越接近下架时间的商品，排名就越靠前。在现在的搜索规则中，对于大类目商品而言，如女装、男装、女鞋、男鞋，等等，下架时间的权重还是非常高的。

另一个体现公平原则的是店铺信誉在搜索权重中的下降。在搜索时，会发现金冠、皇冠等店铺相比于新手卖家有非常明显的优势。这是可以理解的，因为早期淘宝想的是有更多的人来淘宝上购物，所以就一定要不断地提高买家的购物体验。为了让买家能够得到更好的商品，从可信度来看，信誉高的卖家肯定比新手卖家要更值得信赖，这也直接导致刷信誉之风的流行。但是这样就带来了一个非常重要的问题：马太效应，大卖家会越卖越好，排名越来越有优势，而新手卖家完全失去了机会。久而久之，在淘宝这个平台上就会成为几家（甚至是一家）独大的局面，没有新品，没有新店，这显然是淘宝不愿意看到的事情。

公平因素还有一个重要体现就是对新品排名的照顾。因为新品刚上架时是没有销量，没有人气的。但从长久来看，为了顾客更好地购物体验，淘宝比谁都更希望有新鲜的血液注入，这需要新品、新店。因此，对于发布的新宝贝，淘宝都会在人气上给予一定的倾斜，让新品也有机会跟人气很高的商品进行竞争。

2．买家希望尽快买到最满意的商品

千万不要再认为消费者上网买东西只是为了图便宜，“淘便宜”的时代已经过去，随着整个互联网技术的发展，网络购物已成为人们生活当中非常重要的组成部分。买家购物时最大的利益诉求就是能够尽快买到自己最想要的商品，不管是精准搜索（如一部三星 I9100 的手机或者一本教材）还是模糊搜索（如搜索连衣裙或者搜索女包），消费者希望淘宝推荐的商品恰好是顾客想要的。

淘宝个性化搜索的推出就是这一基点的最好体现。对于买家而言，购物之前基本上都会有一个比较明确的心理预期，如买什么，倾向于什么款式，接受的价位区间，可供选择的品牌，等等。例如，一件“修身、韩版、连衣裙”，价位在 300～500 元，最好是比较知名的淘品牌。但是我们一定要切记，消费者即使有了比较明确的心理预期，也不一定能在搜索时准确地表达自己的需求，因此，消费者既有可能去搜索“修身 韩版 连衣裙”，也可能只会搜索“连衣裙”，甚至可能去从女装类目中寻找。

在没有个性化搜索时，就会出现一个问题：当用户只是搜索“连衣裙”这个关键词时，标题中只要含有这个词，并且人气比较高时，宝贝就有可能优先展现。于是，田园风格的连衣裙也被推荐了，包邮的低端连衣裙也被推荐了，并不是修身款的连衣裙也出现了，可是这些消费者并不喜欢。因此淘宝推出了个性化搜索，通过对以前的购物行为、搜索行为的跟踪，来推荐消费者最有可能想要的商品，如高富帅在搜索“衬衣”这个关键词时，一件 59 块钱包邮的衬衣哪怕销量再大，人气再高，也不会获得展现机会。

另外一个体现这一基点的搜索规则就是对消费者需求的判断。如一个用户在搜索框中输入了“苹果”这个关键词，这时有两种可能，一种是他想要一部苹果手机，还有一种可能是想买我们常吃的那种水果，具体是什么，搜索引擎并不知道。但是淘宝还必须根据消费者输入的这个关键词将商品推荐出来，那么搜索引擎会怎么工作呢？

首先，淘宝的搜索引擎会对以前搜索了“苹果”这个关键词的用户点击和最终的下单结果进行统计分析，结果会发现，搜索这个词的用户有 99%的用户点击和最终购买的都是苹果手机；接下来，淘宝就会“猜测”你有 99%的可能性也是要一部手机。因此，在他的搜索结果页里面，优先展现在用户面前的就会是苹果手机，而不是可以吃的苹果。

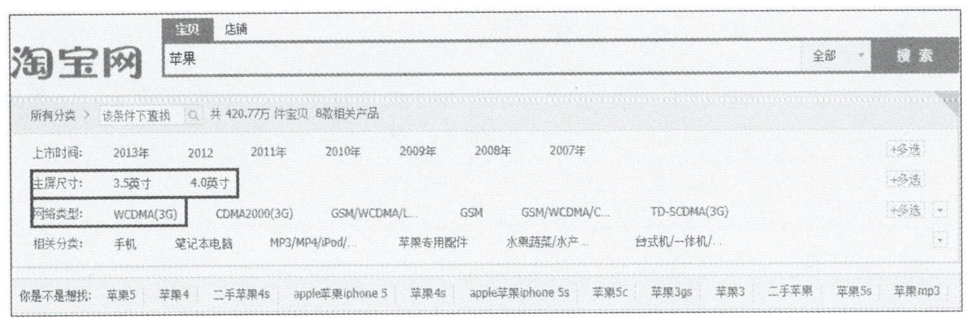

对于淘宝平台来讲，它也会认为有 99%的可能性是让你满意的。

3．淘宝平台希望每一个流量都被充分利用

许多消费者上淘宝买东西，会直接在浏览器的地址栏中输入淘宝网的网址，表面上看来，这样的流量都属于直接的自然免费流量，淘宝是不用花钱的。但是，从淘宝为了让更多的人记住淘宝这个角度来看，淘宝的每一个流量都是付费的。既然是付费的，它当然希望每一个流量都能发挥最大的价值，每一个流量都能得到最充分的利用。在淘宝的搜索规则中，这一基点体现得也非常明显。

我们可以从这个思路上思考一下，看看有哪些因素会影响淘宝的搜索排名：对于淘宝来说，流量被充分利用的第一条当然是希望进来的每一个顾客都能够买东西，也就是转化率越高越好；如果不立刻成交的话，那么淘宝希望这个进来的顾客能够收藏店铺或宝贝，为以后的成交留下机会，所以收藏量也会影响搜索排名；假设也没有收藏，说明这个产品是不符合顾客需求的，那么继续浏览其他的商品是淘宝所希望的，淘宝不想看到网页被快速关闭，所以降低跳失率肯定也是有利于排名的；当然了，能创造比较高的客单价会更好……

这就是淘宝在制定搜索规则时所要遵守的三个基点，不管如何变化，一定都会围绕买方、卖方、平台三者利益的均衡、稳步发展来设计。

第 1 章

360° 全面解读淘宝 SEO

随着技术的发展，借助互联网从事相关的商业行为（如宣传、销售等）已经成为不可逆的趋势，越来越多的企业开始加入其中。许多人在运用互联网手段时，首先想到的是：能不能让用户在百度搜索相关的关键词时，优先展示我们公司品牌（或者产品）的信息。

于是，就有了 SEO 的概念。首先来看看百度百科上对 SEO 的解释：

SEO 是指在了解搜索引擎自然排名机制的基础上，对网站进行内部及外部的调整优化，改进网站在搜索引擎中关键词的自然排名，获得更多流量，从而达到网络营销及品牌建设的目标。

我们不用去考虑那些复杂的技术以及很多看不懂的名词，单纯从定义中可以看出，SEO 最直接的目的就是通过提高关键词的排名来获取展现的机会，进而获得流量。

Section 1.1 淘宝 SEO 概述

我们可以把上面对 SEO 的定义延伸到淘宝上。因为淘宝搜索本身也是一个搜索引擎，只不过他是一个购物搜索。在淘宝上有近千万的卖家，每一个卖家都希望用户在搜索相关的关键词时，自己的宝贝是可以排名靠前的，于是就有了淘宝的 SEO。如果我们根据百度百科对 SEO 的定义照葫芦画瓢地给淘宝 SEO 也下一个类似定义的话，则可以得到下面的表述：

所谓的淘宝 SEO，简单来讲就是指淘宝的搜索引擎优化。通过优化宝贝标题的关键词，宝贝所在的类目、属性、商品的上下架时间、宝贝主图、宝贝描述，等等，使商品获得一个比较好的排名，提高宝贝的曝光率和点击率，从而增加流量和提高转化率的手段。

在当前，更广范围意义上的淘宝 SEO 还可以指对淘宝活动的搜索优化、一淘的搜索优化，等等，概括来说就是最大限度地吸收淘宝的站内免费流量。在淘宝 SEO 定义中，我们能够提炼出两个核心的关键点：吸引流量和提高转化。

吸引流量是根本，只有宝贝有一个好的排名时，才会获得更多的展现（排在第一页一定比排在第 50 页获得更多的展现机会），进而获取更多的精准流量；而转化率的提高会直接反映到店铺的销售业绩上。可以说，所有的 SEO 工作都是为了服务于这两个指标的提高。

1.1.1 淘宝搜索排序的官方定义

想要更好地去优化自己宝贝的排名，还得了解淘宝的搜索系统。首先看一下关于淘宝搜索排序的官方定义：

淘宝搜索排序是为了能够通过搜索帮助消费者快速找到自己满意的商品，而对淘宝网中海量的商品进行顺序排列展示的算法。

那么从定义中，我们可以挖掘三个关键点，而这三个关键点可以看成是淘宝搜索排序的三个基本原则。

关键点一：淘宝的搜索排序是为消费者服务的。

不管是网页搜索的 SEO，还是购物搜索的 SEO，一般情况下都是去猜测搜索引擎的算法，然后去迎合搜索引擎，提高关键词的排名。但是有一点我们一定要清楚：淘宝的搜索排序最终是为消费者服务的。不管算法怎么变化，有一条是永远都不会变的：淘宝搜索排序规则的改变总是为了不断提高顾客的购物体验。

关键点二：能不能快速找到。

不要以为消费者在互联网上愿意耗费时间去买东西，在这个快节奏的时代，绝大多数消费者的耐心都是有限的。顾客不会去考虑自己的搜索行为是不是合理，是不是符合规则，他们只希望能够在最短的时间内找到自己最想要的东西，最好是只通过一次搜索就能搞定。

关键点三：推荐出来的是不是消费者最想找到的、最满意的商品。

就像前面提到的那样，顾客每一次在搜索框中输入的关键词都代表了一种实际的需求，需求也许很具体，如“耐克 篮球鞋 男 43 码”、“三星 I9100”，等等；或者是比较模糊的需求，如只是搜索了“运动鞋”，但是到底要什么品牌，男鞋还是女鞋，什么材质的，等等，搜索引擎并不清楚。

可是从消费者的角度出发，不管是模糊的搜索还是具体的搜索，他们都希望搜索结果恰好就是自己最想得到的，包括款式、品牌、价格，等等，且都是自己最满意的。应该说淘宝搜索追求的终极目标就是这个：推荐给消费者最想找到的、最满意的商品。

1.1.2 关键词搜索、类目搜索、淘宝客搜索

了解淘宝的搜索系统有各种不同的标准，首先来看一下，如果按照买家的搜索行为，则可以把淘宝的搜索系统主要分成关键词搜索和类目搜索两种。

（1）关键词搜索

这是最常见的一种搜索行为，一般的用户都会选择在淘宝首页的搜索框中输入相关的关键词，寻找到自己需要的宝贝，这类搜索结果页，其 URL 是以 s.taobao.com 开头的。如我们在搜索框中输入“衬衣”时的搜索结果如下：

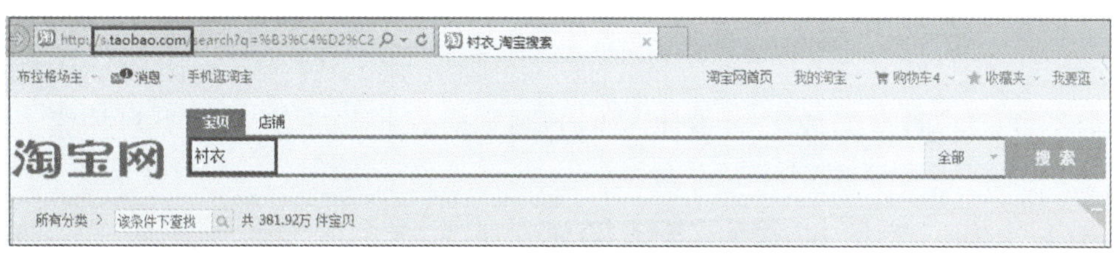

这种搜索方式因为是最常用的，进而成为淘宝卖家 SEO 行为的重点。

（2）类目搜索

新版的淘宝首页，类目搜索在第一屏的左侧，也有很多用户（尤其是不知道自己应该输入什么样的关键词的用户）会选择这种搜索方式，其 URL 地址是以 list.taobao.com 开头的。如想买一双女士的帆布鞋，就可以直接在“鞋包配饰”这个大类目下，寻找二级类目“女鞋”，进而再找到“帆布鞋”分类。

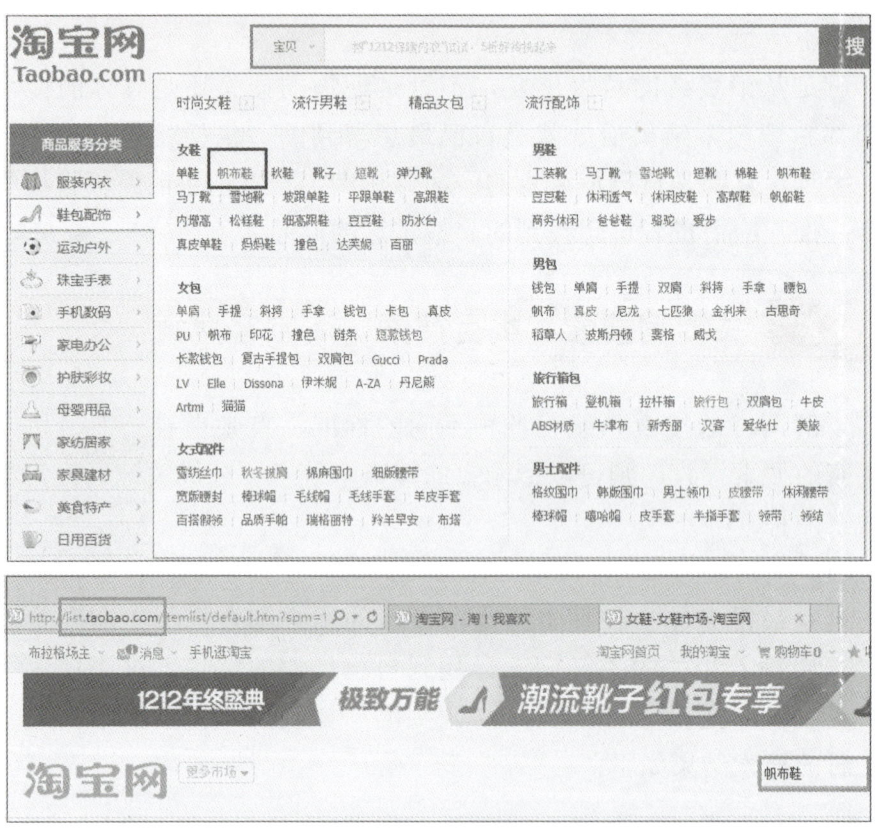

当有一些买家以“逛”的心态（也就是说，不一定有比较明确的购买意向，而是当成了一种休闲）上淘宝时，也经常会选择类目搜索。

1.1.3 宝贝搜索和店铺搜索

新版淘宝网首页的搜索框上面显示两种搜索形式：宝贝搜索和店铺搜索，默认的是宝贝搜索。

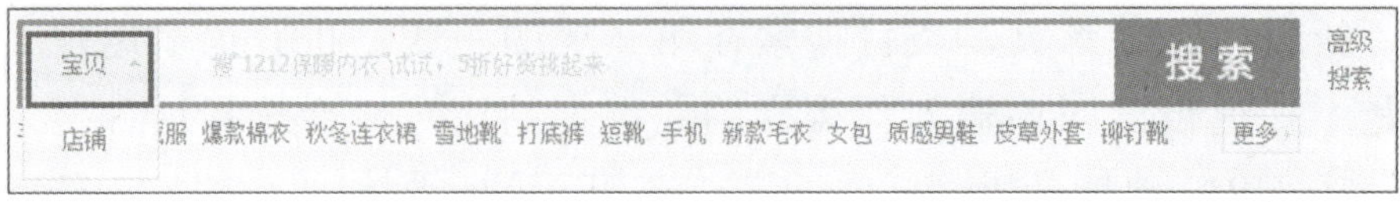

顾名思义，宝贝搜索的对象是全网的商品，包括淘宝的集市店和天猫店，以前还有一个天猫搜索的按钮可以只搜索天猫商城的宝贝；店铺搜索的结果是具体的淘宝店铺，如搜索“柠檬绿茶”：

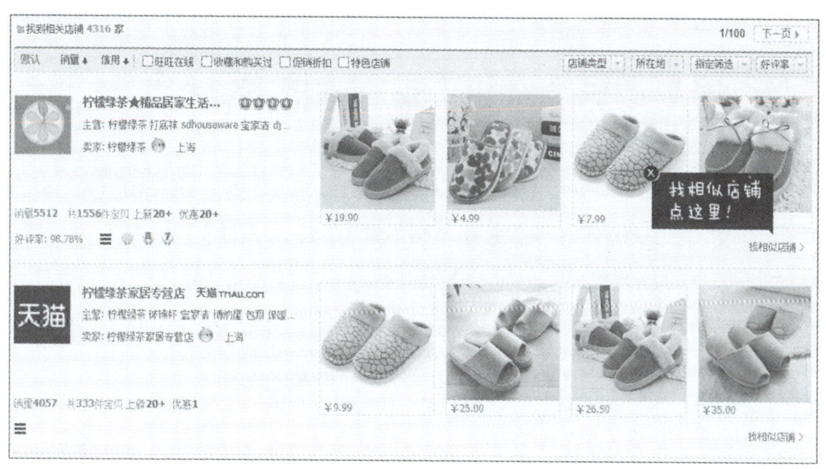

在进行店铺搜索时，只要店铺名称、旺旺名称、店铺主营等任意一个要素含有被搜索的关键词时，店铺就会展示。

1.1.4 高级搜索

为了让消费者能够获取到更加个性化的搜索结果，屏蔽掉不相关的产品，淘宝还设置了“高级搜索”选项，可以对价格、卖家信誉、卖家所在地等条件进行设置。

基本条件：
关键字：
排除关键字：
市场：所有市场
可以选择在某个具体的类目里面进行关键词搜索，屏蔽掉一些不相关的商品，比如只在女装类目里面搜索“连衣裙”
卖家昵称：请输入完整昵称
阿里旺旺：在线
更多条件：
价格区间：
购物保障：消费者保障 正品保障 品牌授权 七天退换 假一赔三 第三方质检
商品优惠：不限 全部促销 折扣减价 打折秒杀 vip优惠 聚划算 免运费
物流：卖家所在地
运费险 24小时发货 闪电发货
宝贝新旧：全新 二手
支付方式：货到付款 信用卡
特色商品：公益宝贝 海外商品
可以通过设置条件，提高搜索结果的精准性！
搜索 清空搜索条件

1.1.5 网页淘宝搜索和手机淘宝搜索

本来在谈淘宝搜索时指的都是网页淘宝搜索，但随着移动互联网的发展，淘宝上手机订单的比重也越来越大，2013 年的双十一，来自移动端的订单更是达到了总成交额的 1/3 左右。但手机购物碎片化、设备屏幕小等特点，使得手机淘宝搜索呈现出了跟 PC 端搜索不一样的特点，因而手机淘宝的 SEO 工作应该有其特殊之处。

1.1.6 一淘搜索

一淘商品搜索是淘宝推出的一个全新的服务体验。一淘网立足淘宝网丰富的商品基础，放眼全网的导购资讯，网站主旨是解决用户购前和购后遇到的种种问题，能够为用户提供购买决策，更快找到物美价廉的商品。

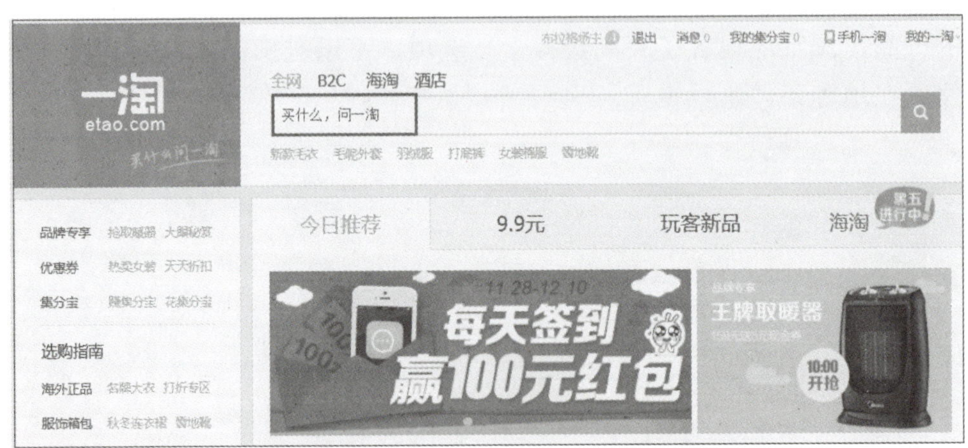

1.1.7 淘宝搜索后的排序方式

淘宝在进行搜索后有六种商品的排序方式：综合排序（默认的）、人气排序、销量排序、信用排序、最新排序、价格排序，其中价格可以选择含运费和不含运费两种形式进行排序，以及从高到低和从低到高两种逻辑。进入搜索结果页后，用户可以根据自己的实际需求选择排序规则，默认是综合排序。

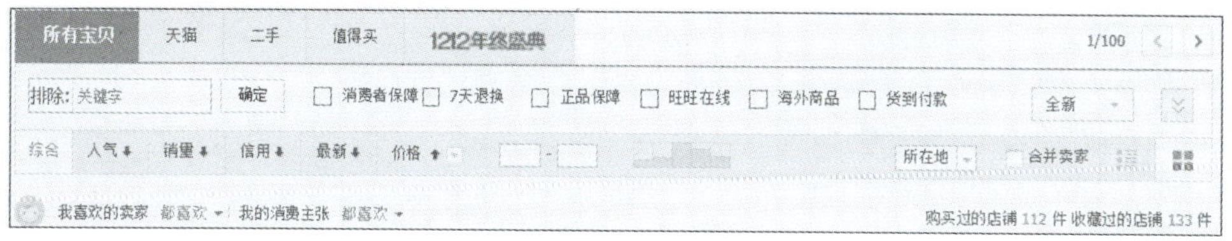

Section 1.2 淘宝搜索引擎的工作步骤

当用户进行某一个搜索行为时（输入某一个关键词、点开某一个类目等），就相当于向淘宝的搜索引擎发出了口令，“命令”它从海量的商品库中推荐自己想要的商品。那么首先得知道淘宝的搜索引擎接到命令后的工作步骤是什么，这是我们进行淘宝 SEO 工作的第一步，也是很重要的一步。

1.2.1 猜测后提取并推荐商品

这是淘宝搜索引擎工作的第一步，不管是关键词搜索，还是类目搜索，或者是其他搜索，淘宝搜索引擎工作的第一步就是猜测用户的真实意图到底是什么，然后将结果提取出来并推荐给用户。比如，用户在搜索“猫”的时候，搜索引擎就会“猜测”：你想要的很可能是上网用的那种电子设备，而不是我们家里养的那种宠物猫咪，或者是跟猫咪有关的用品。于是，它优先提取并推荐给你的商品绝大部分都是上网用的调制解调器，推荐的店铺也绝大部分是数码类店铺。

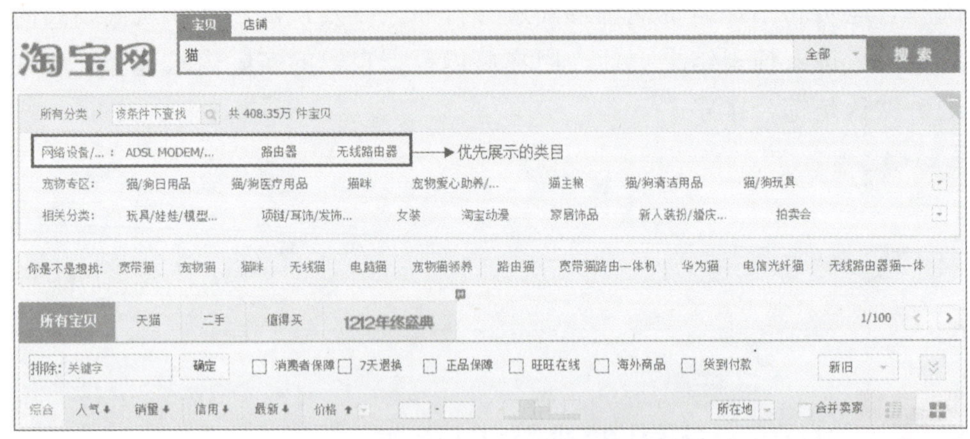

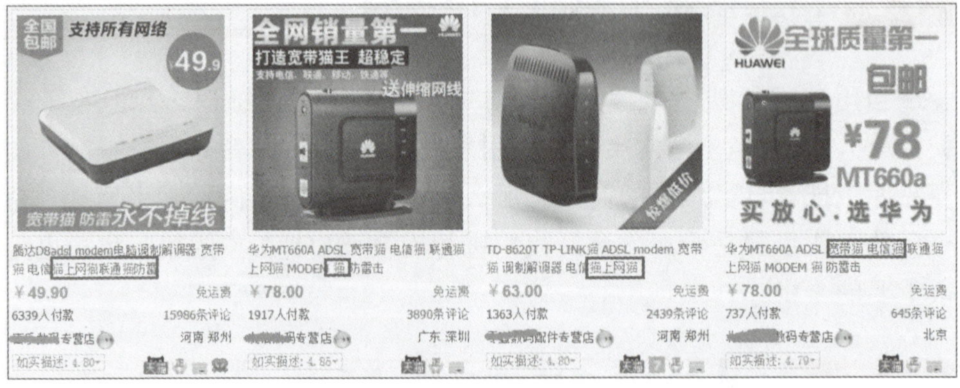

淘宝的这个猜的过程又可以分为三个阶段。

（1）第一阶段：匹配词阶段

淘宝的搜索系统会对用户的搜索行为进行积累，并进行概率统计，可能是最近 30 天的，也可能是最近一年的。比如，淘宝的搜索系统通过对用户搜索“苹果”这个关键词后的行为（点击以及购买）进行概率统计分析，发现在最近的一年时间，几乎所有的用户搜索“苹果”时，都会去点击苹果手机，而不是我们吃的那种水果。

这样，再有用户搜索“苹果”时，淘宝的搜索系统就会猜这个用户有极大的可能性也想要一个苹果手机，从而使得搜索结果页展示的都是苹果手机，而不是我们常吃的苹果水果。

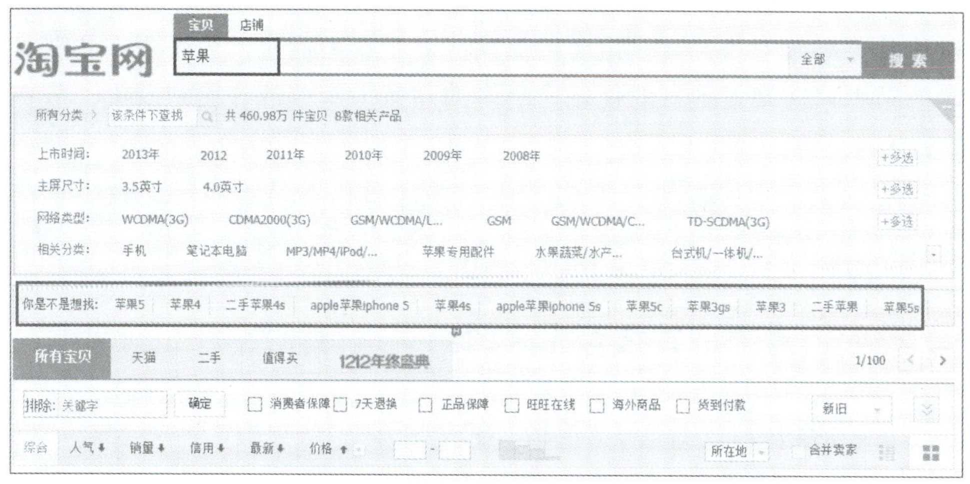

（2）第二阶段：分配类目

接下来，淘宝会对提取出来的商品进行类目的匹配。如搜索“苹果”时，有“手机专用配件”类目，有“手机”类目，还有“儿童玩具”、“有机食品”等类目。淘宝会优先展示红框里面的类目，因为淘宝总共展示4004个商品，所以粉红框里面的宝贝就不会被展示出来。

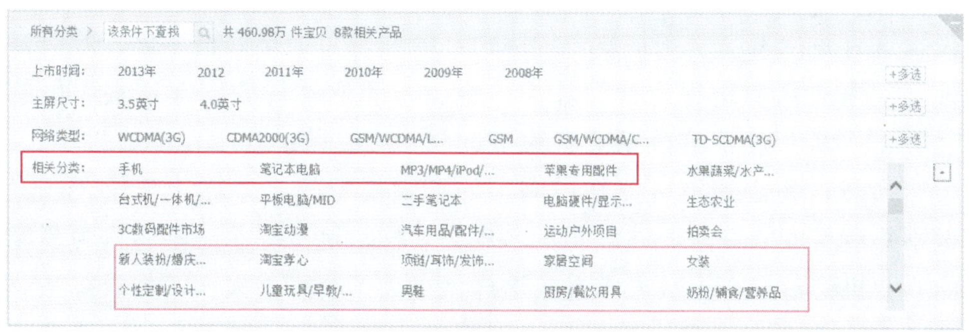

（3）第三阶段：个性化推荐

淘宝所追求的个性化搜索就是根据买家上网时所留下的痕迹（曾经买过什么样的宝贝，曾经把哪些商品放入了购物车，收藏过什么样的宝贝或者店铺，等等），去判断用户的本次搜索会倾向于要什么样的宝贝。个性化搜索目前从价格、性别、品牌、爱好、地域等方面来看，很多的排序已经取得了不错的效果。对于买家而言，淘宝的个性化搜索可以让其更高效地找到自己需要的商品；对于卖家而言，也不再需要花太多的精力来做搜索本身的优化，更多的注意力应该放在用户身上，放在产品身上。

从以上三个阶段可以看出，商品的宝贝标题是给淘宝搜索引擎的“猜测”系统看的。

1.2.2 对提取并推荐出来的结果进行排序

每一次搜索行为，淘宝提取并推荐出来的结果数量一般都会非常庞大，有的甚至能达到几千万件商品，但是淘宝最多只会展示其中的4004 件。更关键的是，因为一般的用户最多在第五页就会完成自己的购物行为，所以只有前 200 余件商品是有成交机会的。换句话讲，即使获得了推荐，如果不能排进前 200 名，那么也是徒劳的。

排名靠前一定比排名靠后有更多的展现，进而有更多的成交机会。那么淘宝搜索引擎通过“猜”的方式将它认为可能是用户所需要的商品提取并推荐出来后，接下来肯定要对这些商品进行排序。简单来说，这时候搜索引擎就是要告诉用户：这些宝贝中谁好谁不好。此时，搜索引擎是需要进行一番计算的，也就是我们常说的淘宝搜索引擎的“算法”（多少淘宝 SEO 从业者为了这个算法绞尽了脑汁）。

当然，我们是不可能知道淘宝的搜索引擎的具体算法是什么，就像不知道百度的算法、谷歌的排名规则一样，这个算法一定会作为高度的商业机密，只有少数人掌握。这样做是为了公平最大化，如果算法公开，那么就会有很多人把优化工作的重心放在去迎合搜索引擎的算法上，而不是认真去提高用户体验而优化自己的产品和服务。

虽然我们不可能知道淘宝搜索引擎的具体算法，但是在淘宝搜索的官方帮派中（帮派地址：http://bangpai.taobao.com/group/400769.htm?spm=0.0.0.0.p2V4Cg），我们还是可以去分析一下它排序的计算方式。淘宝搜索引擎排序的主要计算方式可以看成是下面两部分：

（1）考量店铺的静态分部分

这部分的分值主要是考量店铺的。我们都知道淘宝有非常浓厚的江湖文化，那么我们也可以用江湖分化来比喻这部分的分值，将其看成是一个江湖人士的内功底子。如果两个武功招式基础都一样的人，同时开始练武，在不考虑勤奋度等因素的前提下，内功底子好的人一定比内功底子差的人练得好。《倚天屠龙记》里面的张无忌之所以后来能够用极短的时间学会乾坤大挪移，最根本的原因是其九阳神功的底子。我们可以把这部分的静态分分为三种情况。

第一种：店铺模型部分

这个是基础，主要是用来考量店铺的整体情况是否健康，是否正常，包括店铺的好评率（目前好评率已经不影响搜索排序了）、是否被降权、是否违规、是否被投诉、是否被举报、店铺装修的基本情况，等等。

第二种：产品模型部分

这部分考量的不是单个产品的人气分，而是从产品的角度对店铺进行的一个考量，这里面有一个非常重要的因素：动销率。

商品动销率的计算公式为：动销品种数÷库存的总品种数×100%。

动销品种数指的是所有的商品种类中有销售的商品种类总数。这个指标是评价店铺各个品类商品销售情况的。

我们都知道在淘宝上有一个滞销商品的概念：90 天之内没有任何一笔交易的宝贝称为滞销商品。滞销商品在搜索排序时是要被降权的，从这个意义上来讲，店铺的动销率越高越好。

如果动销率小于 100%，从数据的表面上来看，就是店铺内存在滞销的情况，产生的原因有很多，主要包括：

- 品种过多，特别是同质同类品种过多。
- 上架品种的结构有问题。
- 不动销商品的淘汰力度不够或者淘汰与购进不成比例。
- 不动销商品在店铺内的布局、促销等策略需要调整。

一般动销率低时的解决方法有以下几条：

- 加强数据分析以及对消费者的消费习惯、消费心理进行调研。

根据消费者的需求适度、谨慎上架新的商品品种。

◆ 重新上架不动销的商品（宝贝标题、详情页、价格等因素进行变更）；加大不动销商品的促销力度；改变不动销商品的营销策略。

◆ 通过综合数据分析，如果确定某单品数月内动销数为零，采取一定的促销手段后仍无起色，就应考虑下架。

但是我们要切记一点：绝大多数商品不动销的原因并不是商品本身的错，而是策略的问题，即没有最大限度地挖掘和发挥该商品的销售潜力，也就是说没有能够有效地找到该商品的卖点并有效地加以利用。

天下没有不好卖的商品，只有不用心的淘宝运营人员。

第三种：主营类目模型部分

淘宝网发展的早期，许多卖家都没有明确的定位，把自己的店铺当成了大杂货铺，什么商品好卖就上架什么商品，淘宝为了吸引更多的人来开店，在这一方面也没有什么限制。但随着 2012 年淘宝所提出的“小而美”的概念，有明确定位的、专门针对某一个细分人群的店铺将会在未来的淘宝搜索中获得更多的推荐。这是符合商业本质的，每一个企业和品牌都应该有自己明确的定位。

淘宝本身已经是一个巨型超市，在这个超市里面，你可以卖不同的商品，可以有特色的专柜、摊位。但是淘宝可能会越来越不允许自己这个巨型的超市里面还有很多小的超市存在。因此，作为一个淘宝店铺来讲，必须明确自己主营的东西是什么，目标顾客群是谁，不要什么都卖。

我们可以看一下淘宝集市第一店——柠檬绿茶，因为早期的飞速发展，从化妆品、女装、包包、母婴用品……几乎什么都卖，无所不包。但随着淘宝的发展，柠檬绿茶不断地调整自己的主营品类，目前定位成“精品家居”专卖。这既符合了淘宝“主营类目”的要求，也给了自己一个相对明确的定位，从而能够更好地服务消费者，也让自己在消费者心中占据一席之地。

店铺中所经营的一级类目并不是越多越好，专一才是王道。如店铺中既有男装，又有女装，那么这两个类目不管任何一个类目做得比较好（如男装的销量要明显好于女装），那么淘宝就会认为该类目是店铺的主营类目，从而会影响另外一个类目在搜索中的排名。

当前，有很多店铺为了提高信誉，会在店铺中通过自动充值软件来销售虚拟产品。暂且不去考虑这种做法在多大程度上对提升店铺信誉是有效的，即使真的可以销售得很不错，但对于实体商品的销售不但没有任何好处，反而会因为主营类目模型，影响其自然搜索的排名。因为淘宝的搜索引擎会自动判断店铺是经营虚拟产品的。

前面已经提到过，店铺的静态分就相当于习武者的内功功底。不要认为只会一个招式就可以天下无敌，一定要有一个好基础，才能有一个好店铺。

（2）考量产品的动态分部分

考量产品的动态分部分，因素非常多，后面会有详细的分析，这里先做一个简单的说明。

第一种：关键词模型部分

淘宝的搜索引擎首先会判断某个关键词是不是有很多的卖家喜欢搜索。在搜索人气很高时淘宝会优先推荐，这种优先推荐会体现在很多方面，例如：

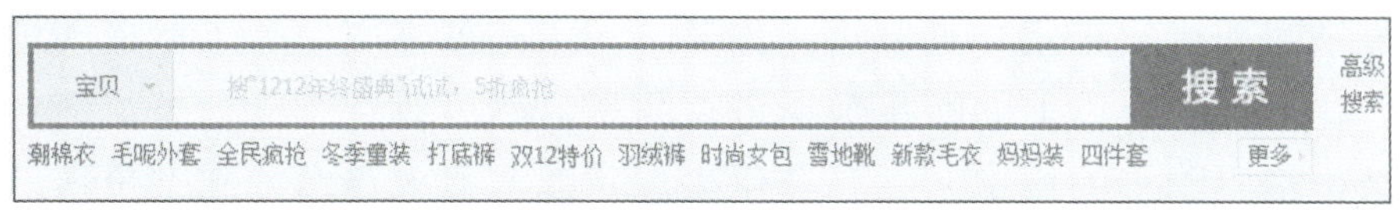

淘宝搜索框下面的搜索热词

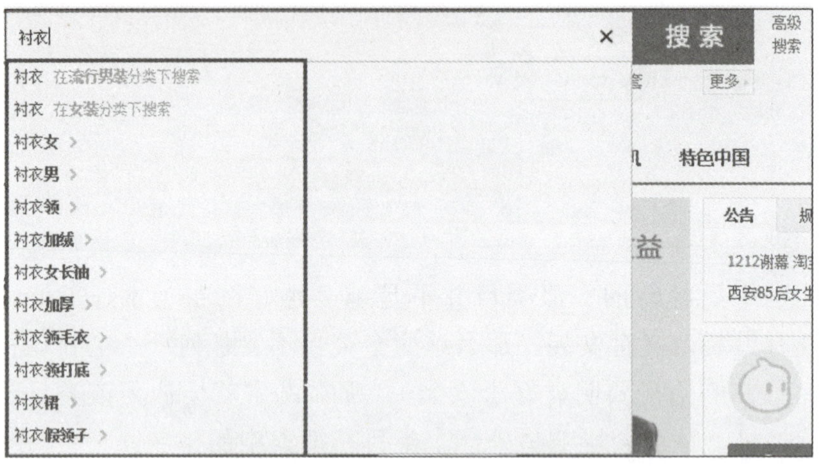

搜索某个关键词时出现的下拉关键词

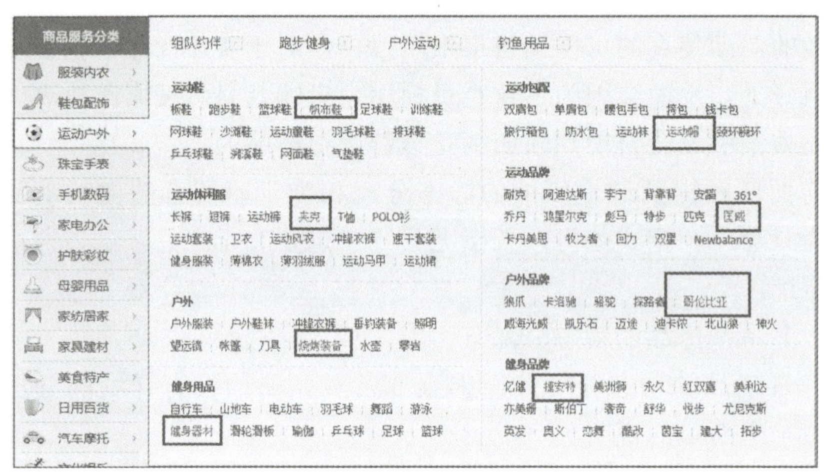

类目搜索时带颜色的词

第二种：客单价模型部分

同样的一件商品，淘宝上不同卖家的价格因为各种因素会有较大的差别，如进货渠道、真假货，等等。淘宝的搜索引擎为了尽可能地提高转化率，会对以前的购买数据进行积累，然后进行统计分析，统计出每个价格段购买的概率，并且会优先展示购买概率最高的那个价格段的商品。通过观察会发现，淘宝上同样的一款商品，销量最好的并不是价格最低的，也不是价格最高的，而是价格适中的。

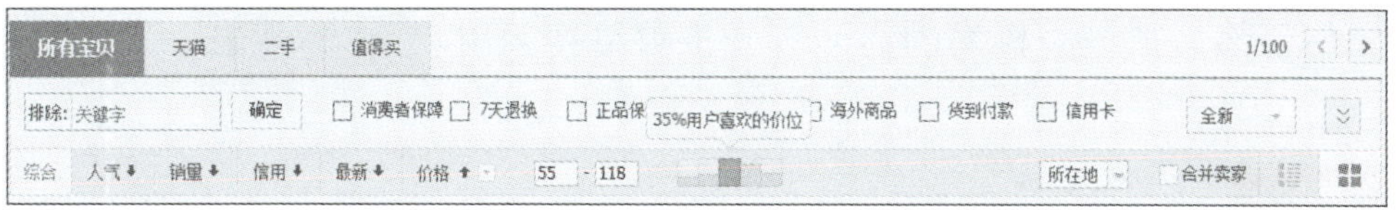

相比于其他的价位，价格在55～118元的衬衣更容易得到淘宝搜索引擎的推荐。

第三种：类目模型部分

含有同样关键词的宝贝可以分布在多个类目中，这时淘宝搜索的自我学习功能就会发挥作用，它会通过对以前在搜索某个关键词时，用户最终购买的商品所分布的类目进行统计分析。然后优先推荐概率最高的那些宝贝，商品只有跟“提取并推荐”这个阶段上的宝贝在类目属性上非常相关，排名才越有可能靠前。

第四种：反馈模型部分

反馈就是对某件事物所做出的反应，这里指的是用户在发出搜索命令并得到搜索结果后，对所看到的搜索结果中的商品所做出的反应，这些反应包括：

◆ 看到宝贝后是否被吸引点击。
◆ 点击进入页面后，是立即退出，还是进行了深度浏览。
◆ 有没有点击客服进行相关的咨询。
◆ 有没有收藏。
◆ 是否购买了商品。
◆ 购买后有没有评价、分享……

这些都属于反馈的内容。

第五种：轮播模型部分

所谓的轮播，就是轮番展示的意思。为了公平起见，淘宝的搜索引擎所采用的最公正的方式就是轮播。而在轮播当中，最关键的因素就是商品的下架时间因素，越接近下架时间，排名就越有机会靠前。

作为一个购物搜索，淘宝的搜索引擎有一个特别出色的功能：自我学习。它会把所有的搜索结果全部保存下来，目的只有一个，就是为了统计概率。它会观察在某一段时间内，搜索了什么商品，反馈的概率如何，然后把最高概率的商品首先推荐给搜索用户。

Section 1.3 淘宝搜索排名规则的先后顺序

这里首先对淘宝搜索排名的先后顺序做一个简单的说明，这种结果是通过大量的观察和分析“猜测”出来，淘宝的官方搜索并没有相对应的说明。

1.3.1 第一次序：消保和橱窗推荐

跟线下的交易相比，电子商务的致命缺陷就是不能用手、眼等感官直接判断通过图片展示出来的产品是否为假冒伪劣的产品，但淘宝是为买家服务的，卖家也要为买家服务，最终的上帝是消费者。只有保证了消费者的利益才是长久、健康发展的根本。而消保就是保障消费者利益的一个有利武器，当消费者买到假冒伪劣的商品时，会得到来自于平台的赔偿，而这种赔偿就来自于卖家缴纳的消费者保障金。

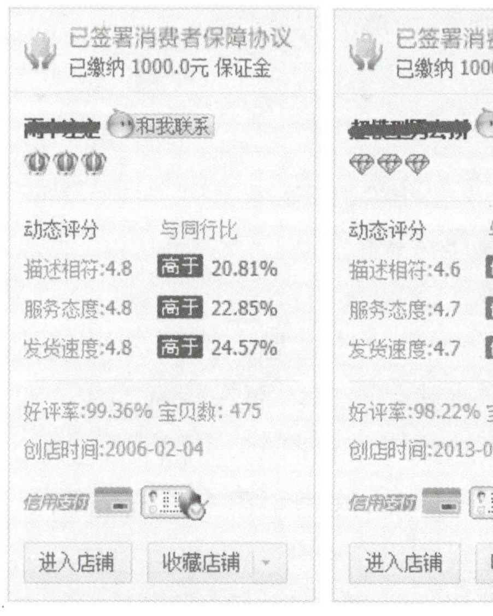

目前，对于淘宝 C 店而言，最少要缴纳 1000 元的保证金，多者不限。从长远的发展来看，缴纳了较多保证金的卖家在一定程度上比缴纳较少保证金的卖家能获得更好的排名，是情理之中的事情。

线下的一些商家在自己的店里都会有一些黄金位置，他们一般会用来推荐自己最畅销或者最有优势的产品。在淘宝上，这种黄金位置叫做橱窗。卖家会根据信用分获得不同的橱窗位，天猫卖家也会根据业绩被分配不同数目的橱窗推荐位。根据线下的逻辑思维模式，卖家会把性价比最高的，最容易成交的商品进行展示。本着将最好的商品推荐给买家的基本原则，淘宝的搜索引擎会优先展现卖家推荐的宝贝。

1.3.2 第二次序：相关性

从淘宝搜索的基点出发：淘宝是要让用户能够迅速买到最满意的商品。而淘宝上的商品千千万，搜索引擎要从这千千万的商品中找到消费者最有可能购买的商品，非常重要的一个参考指标就是相关性。这种相关性从根源上来讲指的是产品本身的属性跟用户的需求完美相对接，从面上来讲，包含四个层次：类目相关性、关键词相关性、属性相关性、其他相关性。

首先是商品的类目一定要选对，如果不是淘宝搜索引擎优先推荐的类目，其他方面表现得再好，也可能不会被推荐。

其次是标题的关键词相关性，这种相关性要站在两个角度去思考问题：产品角度和目标顾客角度。一方面，要对自己的产品非常熟悉，在标题中所设置的关键词要能够反映商品的特性，如你的产品有减肥功能，那么在标题中就应该含有“减肥”这个关键词；另一方面，也要对目标顾客非常熟悉，关键词应该能够反映顾客的实际需求，并且是用户很有可能去搜索的关键词。

第三是属性相关性。举个简单的例子，当你搜索“羽绒服”时，淘宝只是知道你想要一个羽绒服，而具体的款式、风格、版型、品牌、尺码等产品属性是不知道的。这时淘宝的搜索引擎又会用强大的自我学习功能进行概率判断，然后会将最优可能成交的属性推荐给用户，这就是属性相关性。

其他相关性包括地域相关性、产品档次相关性、熟悉店铺相关性，等等。总之，未来淘宝搜索的趋势一定是个性化搜索。

1.3.3 第三次序：不违规

国有国法，家有家规，任何一个平台都有必须遵守的游戏规则。比如，在学校里要遵守学校里面的规章制度；开车时要遵守交通法规；打篮球时要遵守篮球规则……。同样，如果想在淘宝这个大的平台上生存，就要遵守淘宝的各种规则。淘宝的规则很多，有适合卖家的，也有适合买家的；有适合所有店铺的，也有适合单独类目的；有长久性的规则，也有不断在变化的规则。

其中，跟淘宝搜索排名密切相关的违规行为，俗称为淘宝“十宗罪”，后面会有详细的介绍，这里先简单了解一下。淘宝的十宗罪可以根据处罚力度分为三个类别：

（1）屏蔽类

这一类违规行为的处罚行为是比较严重的，违规的商品（或者店铺）会在搜索时被屏蔽，不能够展现，这类违规行为主要包括两个：重复铺货、广告商品。

（2）降权 30 天

这一类违规行为的处罚是对违规商品执行降权 30 天的处罚措施，这一类的违规行为包括：虚假交易、换宝贝、SKU 作弊。

（3）最快五天内结束降权

当有下面这些违规行为时，在按照要求修改后，最快可以在五天内结束降权：错放类目、滥用关键词、邮费不符、价格不符、标题图片表述不符。

1.3.4 第四次序：下架时间

在前面的三个次序结束后，淘宝搜索（这里主要指的是综合搜索排序）会重点考虑下架时间的因素，这是从公平的原则出发的，对于卖家而言是最没有争议的。任何一件商品，只要加入了消保、做了橱窗推荐、不违规、相关的产品，那么越接近下架时间的商品，就越有机会排名靠前。并且这是实时更新的，每天晚上 19 点之前是 15 分钟更新一次，19 点到第二天早上是 30 分钟更新一次。

选择下架时间时，一般人的思路应该是选择用户上网最集中的时间段，但是这种策略是存在一定局限性的，这将在后面的内容中进行更详细的介绍。

1.3.5 第五次序：人气类因子

这是最复杂的一类因子：数量多、变化快。这类因子的重点有：销量（包括 30 天成交量、销量的增长率，等等）、浏览率、好评率、回头率、客单价（淘宝的流量也是有成本的，淘宝也希望自己的流量能够获取最大的价值，同样是 100 个女装流量，一个店铺的客单价是 500 元，另一个店铺只有 100 元，淘宝会把流量更多地倾向于谁呢？）、支付宝使用率、收藏、DSR 评分、纠纷退款率、举报投诉、旺旺的相应速度、拍下商品和发货的时间差，等等。

Section 1.4 全面了解关键词

在淘宝 SEO 中，被谈到最多的就是关键词，当然最主要的原因是：大部分用户在淘宝上购买商品时，都会用关键词搜索。什么是关键词呢？从不同的角度应该如何理解关键词呢？

1.4.1 关键词、导出词及特殊词

根据搜索时的依据不同，我们可以把淘宝上所有在搜索时可能会用到的词汇分成三种：关键词（指的是在搜索框中输入的搜索关键

词）、导出词、特殊词。

（1）关键词

对于很多人来讲，淘宝 SEO 中非常重要的一点就是选取最合适的关键词（这里指的是在搜索框中输入的搜索关键词）组成宝贝标题（一共 30 个字），什么是关键词呢？先看一下百度百科中关于关键词的解释：

关键词源于英文“keywords”，特指单个媒体在制作使用索引时所用到的词汇。关键词搜索是网络搜索索引的主要方法之一，就是希望访问者了解的产品或服务或者公司等的具体名称的用语。

在淘宝上，关键词搜索指的是消费者希望了解的宝贝相关的具体内容。我们从百度百科的定义中能够发现两个关键点：词汇、媒体。在淘宝搜索中，关键词是包含在每个宝贝标题中的，特指搜索者在搜索框中输入的词汇；而媒体指的是搜索结果中承载关键词的标题，如下图：

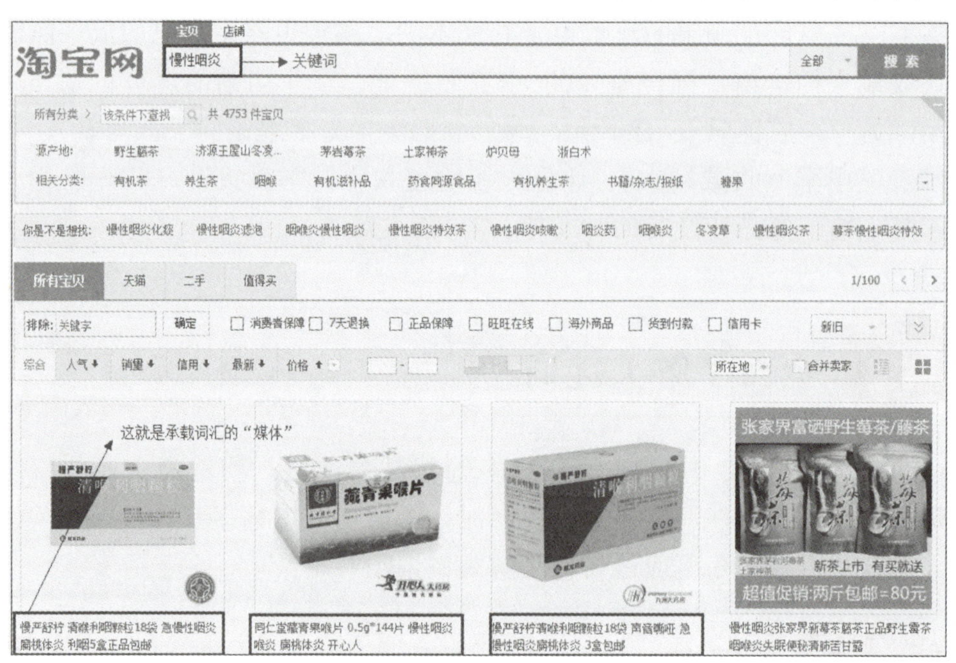

（2）导出词

相对于在搜索框中输入的那些关键词，导出词是对单个的媒体的概况或者通称，而不简单地指一个宝贝的单个标题，它的意义在于对媒体进行检索或者分类，是对一类商品的概括和总结。

我们都知道，在淘宝上，搜索主要有两种情况：关键词搜索和类目搜索。在淘宝上，每一个类目词都可以看成是一个导出词，代表的是一个分类名称，这类商品具有这个导出词所代表的共同特点的。各个属性词也属于导出词。

流行女装 | 最爱连衣裙 | 潮流男装 | 冬季保暖

应季女装
针织开衫 | 羊绒衫 | 毛衣 | 长袖T恤 | 长袖衬衫
棉衣 | 雪纺衫 | 小西装 | 秋风衣 | 礼服 | 连衣裙
针织裙 | 薄羽绒 | 皮衣 | 皮草 | 半身裙 | 棉麻裙
牛仔裙 | 皮裙 | 婚纱 | 旗袍 | 大码

女士上衣
T恤 | 衬衫 | 针织衫 | 短外套 | 马夹 | 羽绒服
呢大衣 | 卫衣 | 棉衣 | 小背心 | 唐装 | 职业装

女士裤装
休闲裤 | 连体裤 | 西装裤 | 牛仔裤 | 棉麻 | 中裤
羽绒裤 | 哈伦裤 | 阔腿裤 | 铅笔裤 | 背带 | 九分

女士内衣
聚拢文胸 | 调整型文胸 | 文胸套装 | 大杯 | 小杯
三角裤 | 平角裤 | 丁字裤 | 基础内衣 | 保暖内衣
家居服 | 睡裙 | 珊瑚绒 | 塑身衣 | 袜子 | 丝袜

应季男装
长袖T恤 | 长袖衬衫 | 夹克 | 针织开衫 | 风衣
棉衣 | 马甲 | 卫衣 | 毛衣 | 牛仔外套 | 西服
POLO衫 | 羽绒服 | 牛仔裤 | 皮夹克 | 羊毛衫

男士上装
T恤 | 衬衫 | 夹克 | 羊绒衫 | 仿皮皮衣 | 小西装
工装制服 | 羽绒服 | 真皮皮衣 | 唐装 | 羽绒马甲
毛呢大衣 | 毛背心 | 中山装 | 西服套装 | 皮草

男士裤装
休闲裤 | 牛仔裤 | 西装裤 | 工装裤 | 短裤 | 中裤
棉麻裤 | 哈伦裤 | 九分裤 | 羽绒裤 | 皮裤 | 棉裤

男士内衣
平角裤 | 三角裤 | 棉内裤 | U凸内裤 | 卡通内裤
家居服 | 珊瑚绒 | 格子睡衣 | 卡通睡衣 | 背心
基础内衣 | 棉质内衣 | 保暖套装 | 保暖裤 | 袜子

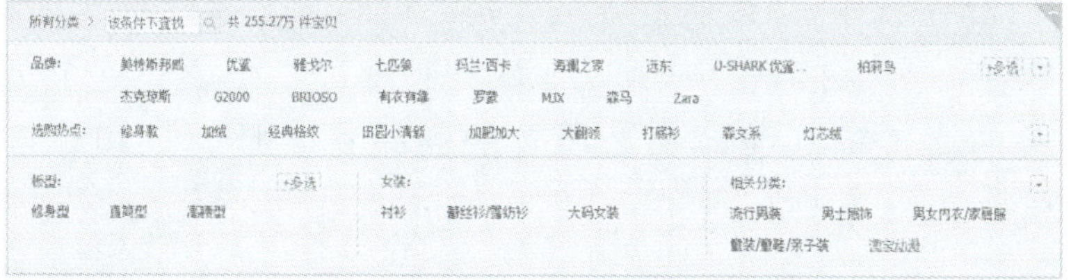

上图中的这些词都可以看成是导出词，比如说“卫衣”，代表的就是一个分类，点击这个词时，搜索出来的宝贝都是卫衣，具有统一的特征，在没有放错类目的情况下，一件牛仔裤是不会在这个时候被展现的。

再比如说“七匹狼”，这也是一个导出词，代表的是一种品牌属性，点击后，展现出来的宝贝都是七匹狼的，这也是一个统一的特征。

当然，很多时候导出词也可能会被消费者输入到搜索框中，那时候，这个导出词同时也是关键词。比如，有人可能会在搜索框中输入“连衣裙”，而类目搜索时，恰好有“连衣裙”这个导出词。那么“连衣裙”这个类目下的宝贝排名会以压倒性的优势超过其他类目的宝贝，同类目下再按照综合质量分去排名。

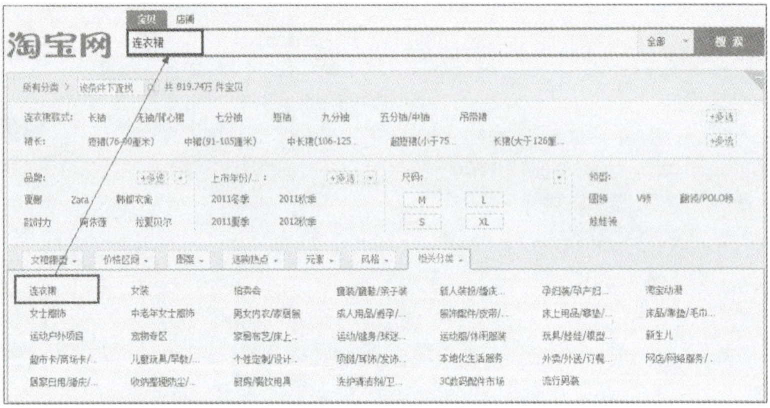

此时，即使别的类目里面的商品标题中也含有“连衣裙”这三个字，也不会被展示（除非作为导出词的类目中商品非常少，不足 4000个）。如果没有导出词（类目词、属性词）与搜索词一致，就可能有多个分类下的宝贝都具有排名优势，这时候算是在类目上有优势（比如是第一大类或者第一小类），但是也因为有可能是综合质量分不高导致排名靠后，此时类目和综合质量分是一起考核的。

比如在淘宝上搜索“祛痘”，淘宝上没有“祛痘”这个类目，也没有相关的属性词匹配，那么所有的商品将会是类目和综合质量分一起考核。

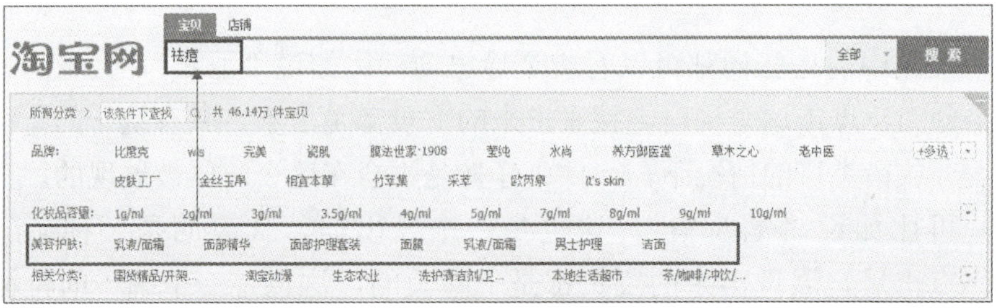

从这里我们可以得到一个简化的宝贝标题，那就是在设置关键词时，尽量用导出词（类目词或者属性词）来设置标题。比如，我想发布一款篮球，那么在发布商品时，实际上宝贝标题就应该已经完成了80%：

填错宝贝属性，可能会引起宝贝下架，影响您的正常销售。请认真准确填写

品牌：* Spalding/斯伯丁　Spalding斯伯丁篮球系列 NBA超市专卖
NBA超市专卖 超市特卖A

货号：

篮球分类：室外篮球

篮球规格：* 七号篮球(标准球)

篮球材质分类：* PVC合成皮革(室外)

篮球队：

首先把需要填写的属性全部都填写完，然后看哪些属性词是有可能被消费者作为关键词在搜索框中输入的。假如我是一个篮球爱好者，如果想买一个篮球，我搜索的词基本会包括：品牌词（斯伯丁）、室外篮球、标准篮球，如果更专业一点儿，还有可能搜索篮球的材质。那么标题应该怎么书写呢？

宝贝标题：* NBA超市专卖Spalding/斯伯丁七号室外标准篮球 PVC合成皮革　还能输入 3 字

一口价：* 元

在这个标题里面包含了好几个属性词，并且也是消费者经常会搜索到的词，显示还可以输入三个字，会是什么呢？这里先不解释。

（3）特殊词

当在淘宝的搜索框中输入“羽毛球拍”这个关键词时，系统显示一共搜索出近 11 万件商品。然后看图中下部用框框起来的那些词：消费者保障、破损补寄、退货承诺、7 天退换、正品保障、旺旺在线、假一赔三，我们把这些词叫做特殊词。

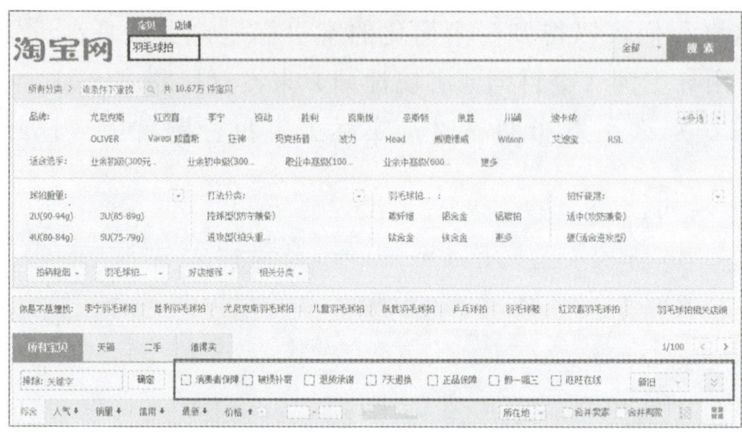

上图中，那些“特殊词”前面的方框都没有勾选上，下面勾选三个条件，然后再看一下搜索结果：

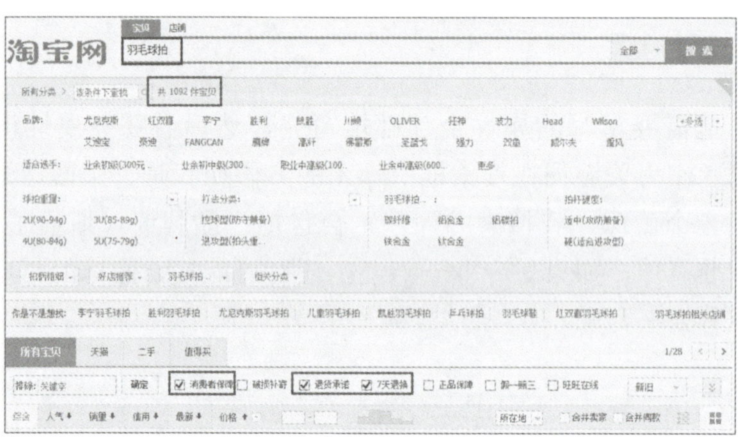

你会发现，宝贝一下子变成了只有 1092 件显示商品，不到 4004 件，也就是说，只要卖家加入了消保、退货承诺、7 天退换，当有消费者选择这些特殊的条件（关键词）时，卖家的宝贝就能被展示出来，成交的几率也将大幅度提升。

其实不管是关键词，还是导出词，或者说是特殊词，它们的作用可以用两个字来概括：过滤。在进行搜索时，不符合要求的宝贝就会被过滤掉。这些搜索词的意义在于选出与之相关的宝贝，以便于用户能够有目的地查找，对于卖家来讲，这是能否获得参与机会的决定性因素。在淘宝的搜索世界中，买家的权利是要优先于卖家的，因此卖家的工作实际上分为两个步骤。

第一步：设置买家搜索时会用到的词，以便迎合买家。

第二步：只设置与产品相关的关键词。

因此，在优化搜索关键词时，基本的思维模式应该是：首先了解客户的需求，标题中要能反映客户的需求。例如，有的客户脸上长痘痘了，那么他（她）就会在淘宝的搜索框中输入“祛痘”，只要卖家的标题中含有“祛痘”这个关键词，其宝贝就有被展示的机会。

其次，要了解自己的产品特性。标题中所含有的关键词必须跟宝贝的特性相关，只有产品真的有“祛痘”功效时，才可以在标题中加上“祛痘”这个词。

也就是说，只有当顾客的需求和产品的特性能够完美对接时，关于关键词的优化才算是正确的、合理的。

1.4.2 核心关键词和长尾关键词

当用户在淘宝上搜索时，可能是一个模糊的搜索行为，也可能是一个非常精准的搜索行为。例如，当他搜索“连衣裙”时，只是表明了想要一件“连衣裙”的需求，具体是想要什么风格的、什么材质的、什么板型的、品牌、价位等都是不确定的；但如果搜索时输入的是“韩版 修身 纯棉 连衣裙”，则就表达了一个相对清晰很多的具体需求。

很显然，对于“连衣裙”这个词，转化率肯定是比较低的，因为搜索引擎唯一明确的就只是想要一件连衣裙，其他的都是猜出来的结果（虽然随着淘宝的个性化搜索技术越来越牛，猜的也越来越精准，但还是不能完全体现用户的真实需求）。但是当用户搜索“韩版 修身 纯棉 连衣裙”这个关键词时，淘宝的搜索引擎明确的内容就会精准很多，转化率也会相应地提高很多。

这里可以把“连衣裙”看成是核心关键词，而“韩版 修身 纯棉 连衣裙”就是长尾关键词。很显然，核心关键词搜索量很大，但是转化率偏低；而长尾关键词虽然搜的人少，但因为精准而更有效。很多人在做淘宝 SEO 时，都想把重心放在核心关键词上，认为那可以给自己带来更多的流量。但实际上，这种做法是不妥的，尤其是对中小卖家来讲。相反，如果将更多的注意力放在长尾关键词上，当这些长尾词的权重上升时，对核心关键词的排名也是有很大帮助的。比如，当“韩版 修身 纯棉 连衣裙”这个词的权重上升时，“连衣裙”的权重也会相应地提高。

1.4.3 流量关键词和点击关键词

对于标题而言，最主要的作用有两个：承载搜索和吸引眼球。很多人关注的都是标题的第一个作用，这是可以理解的，毕竟只有在获得展现以后才可能有电商的后续环节。所以标题中如何能够最有效地包含用户可能搜索的关键词，且符合产品属性，就成为淘宝 SEO 工作者不懈的追求。

为了实现“承载搜索”的功能，要求在做 SEO 时，标题中尽量含有用户最有可能搜索，同时还能代表产品特征的关键词，我们管这种关键词叫做流量关键词。除了这种为了吸引流量的关键词外，还要注意淘宝的另外一个规则：吸引眼球。

即使给了宝贝展现的机会（好的排名），但这并不意味卖家就获得了一个流量，因为一起展现的有好几十个产品，如何才能从这些产品中脱颖而出，牢牢抓住搜索者的眼球呢？首先看一下，每一个搜索结果页面的宝贝都有哪些信息可以被用户看到。

Disney迪士尼四轮双向婴儿推车轻便折叠可坐躺婴儿车全蓬手推童车 天猫 TMALL.COM vigorkids旗舰店 和我联系	¥399.00 运费：0.00 信用卡	江苏 苏州	48人付款 13人收货 12条评论	七天退换 正品保障
Freekids双向四轮婴儿推车折叠平躺高景观婴儿车欧洲出口品质童车 zbuck2008 和我联系	¥1088.00 运费：0.00 信用卡	上海	417人付款 225人收货 394条评论	七天退换 消费者保障
威凯S2200A高景观四轮充气胎全蓬平躺折叠双向婴儿车推车手推车 天猫 TMALL.COM vigorkids旗舰店 和我联系	¥1399.00 运费：0.00 信用卡	江苏 苏州	103人付款 75人收货 98条评论	七天退换 正品保障
海外直邮Stokke2013V3 2014V4高景观折叠婴儿车 婴儿推车完整版 [illegible] 和我联系	¥6499.00 运费：0.00 信用卡	海外 德国	213人付款 208人收货 145条评论	七天退换 消费者保障

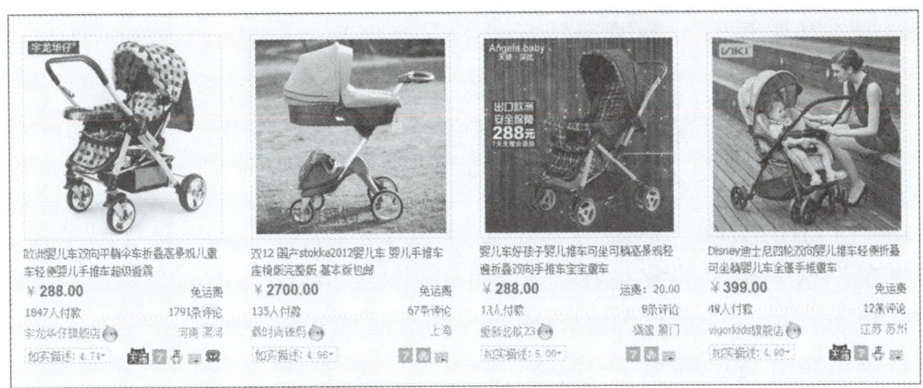

可以看到，不管是列表展示，还是大图展示，我们能看到的信息基本包括：首图、标题、价格、销量、卖家所在地、各种服务、旺旺昵称。理论上，这些因素都会影响用户是否点击你的宝贝，但是，最关键的因素实际上是两个：首图和宝贝标题。大图展示下，首图更重要一些，列表展示下，标题更重要。只有既能带来展示，又能吸引点击的标题才是好标题。

很多卖家做标题优化时，认为优化的目的就是尽可能多地带来展现的机会，因此就在宝贝标题内堆砌大量的流量关键词，表面上看是增加了更多的展现机会，但我们永远要记住一点：展示≠流量，只有点击你的宝贝标题并进入详情页后，才能算作一个流量。

那么什么样的标题才能吸引用户点击呢？通顺、能读懂、有吸引用户点击的点（包邮、买赠、无效退款，等等）。因此，一个优秀的宝贝标题，不但能带来流量，还要能吸引用户点击。

Section 1.5 从淘宝的角度看待关键词以及淘宝 SEO

做淘宝 SEO，实际上就是去“猜测”淘宝搜索引擎的算法，那么就要首先弄明白：从淘宝自身的角度，它是如何看待关键词的。

1.5.1 淘宝搜索关键词的分类

先换位思考一下，作为一个消费者，我们在淘宝的搜索框中输入关键词查找宝贝时，关键词的形式都有哪些？

（1）单字

单字是淘宝中最基本的搜索单位，指的是一个字。当然，用户在搜索框中输入一个字进行搜索的情况少之又少，主要是因为一个字很难表达一个稍稍明确一点的需求。比如搜索“车”，那么标题中只要是含有“车”这个单字的宝贝都会被提取出来，并且理论上都会有被推荐展示的机会。但具体是推荐车的模型，还是一辆自行车，还是车王舒马赫的签字海报，这些都是不确定的。

（2）单词

对于这种形式的关键词，在淘宝词库中，淘宝会认为它是一个词，在展示搜索结果时，这个词不管是几个字，必须完全连在一起并且出现在标题中的宝贝才有被展示的机会。不连在一起时是不能被提取出来的，比如在淘宝的搜索框中搜索“三轮车”这个关键词：

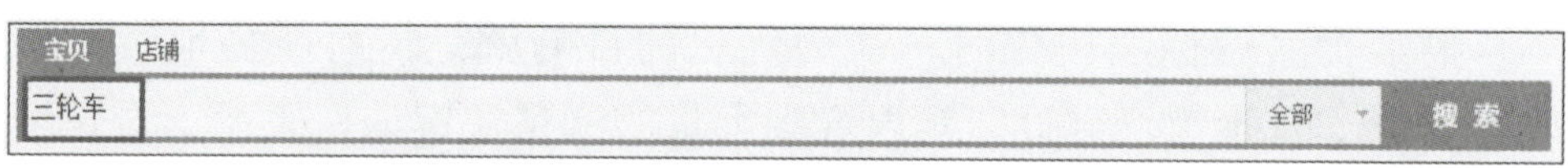

这个词就是一个单词，淘宝的词库中，只有“三轮车”这三个字连在一起时才有机会被展示出现。

宝贝	价格	所在地	销量	服务
川浪 时尚儿童三轮车DT118 童车宝宝脚踏车手推车自行车婴儿童车 天猫 TMALL.COM 川浪旗舰店 和我联系	￥389.00 运费：0.00 信用卡	浙江 宁波	111人付款 88人收货 90条评论	七天退换 正品保障
昱赫大头蛙儿童三轮车儿童宝宝婴儿脚踏车儿童自行车幼儿童车 天猫 TMALL.COM 昱赫旗舰店 和我联系	￥258.00 运费：0.00 信用卡	浙江 金华	0人付款 0人收货	七天退换 正品保障
川浪 韩国儿童三轮车DT106童车脚踏车自行车三轮宝宝手推车婴儿车 天猫 TMALL.COM 川浪旗舰店 和我联系	￥489.00 运费：0.00 信用卡	浙江 宁波	78人付款 64人收货 78条评论	七天退换 正品保障
多省包邮正品明凤儿童三轮车手推车婴儿推车童车宝宝脚踏车自行车 和我联系	￥188.00 运费：0.00 信用卡	河北 邢台	1862人付款 1072人收货 3177条评论	七天退换 消费者保障
儿童三轮车、脚踏车三轮车、加大车轮宝宝童车，简易加大座椅三轮 山东总代理001 和我联系	￥68.00 运费：0.00 信用卡	山东 济宁	799人付款 602人收货 1475条评论	七天退换 消费者保障

但如果换一种方式，搜索“三 轮车”（在“三”和“轮”之间加了一个空格），淘宝就会认为这不是一个单词，而是一个人为已经分好词的词组，搜索出来的结果中，这三个字就不一定连在一起。

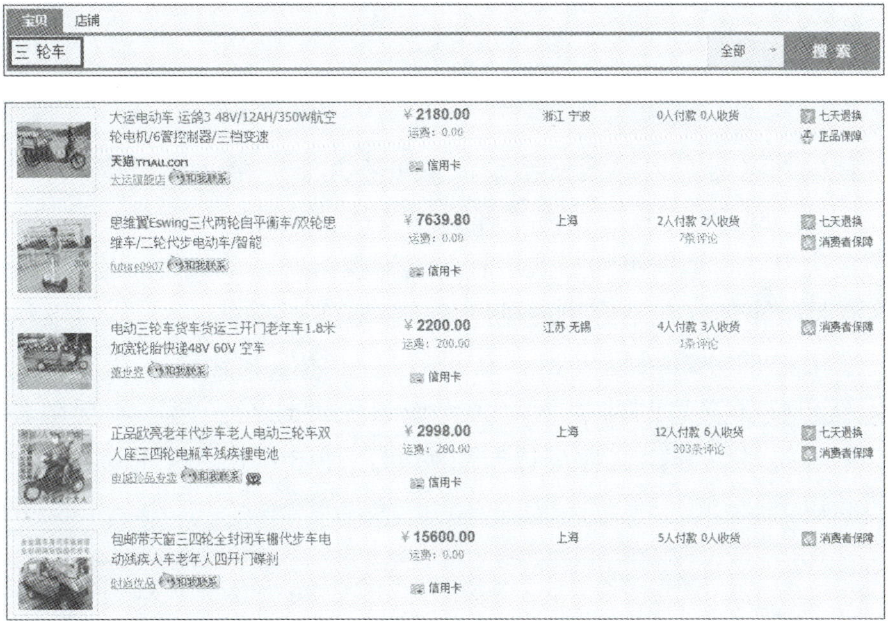

（3）词组

对于这类关键词，可能词与词之间有空格，也可能没有空格。如果有空格，则淘宝会直接认为是词组，比如上面谈到的“三 轮车”的例子；如果没有空格，淘宝会进行分词。搜索出来的结果中，分开的两个（或者几个）词可能是连在一起的，也可能是不连在一起的，出现的先后顺序也是没有规律的。

比如搜索“韩版童装”和“韩版 童装”：

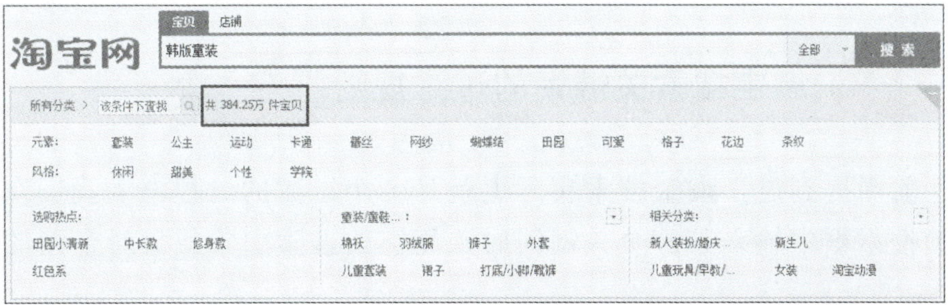

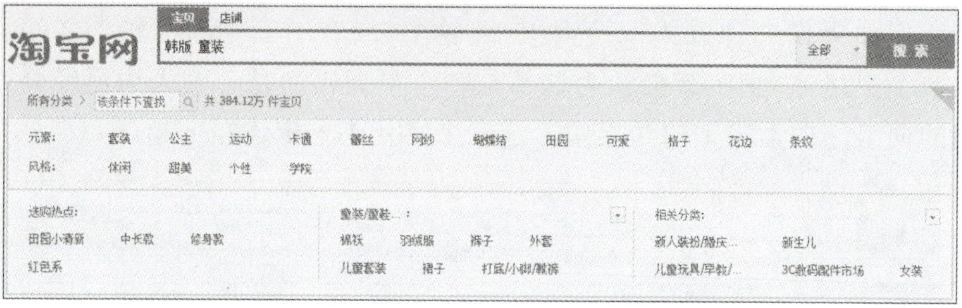

首先看这两个词的搜索结果，宝贝数几乎完全一样，搜索“韩版童装”是 384.25 万件，搜索“韩版 童装”是 384.12 万件。这说明，当淘宝认为以一个词组的形式进行关键词搜索时，单词之间是否加空格其区别是很小的（包括宝贝的排序）。

从上面的分析可以看出，在进行宝贝标题优化时，在不影响阅读体验和整体意思的前提下，我们应该把词连在一起，不要随便使用空格等符号隔开，这样可以节省空间，使 30 个字的规则得到更充分的利用。

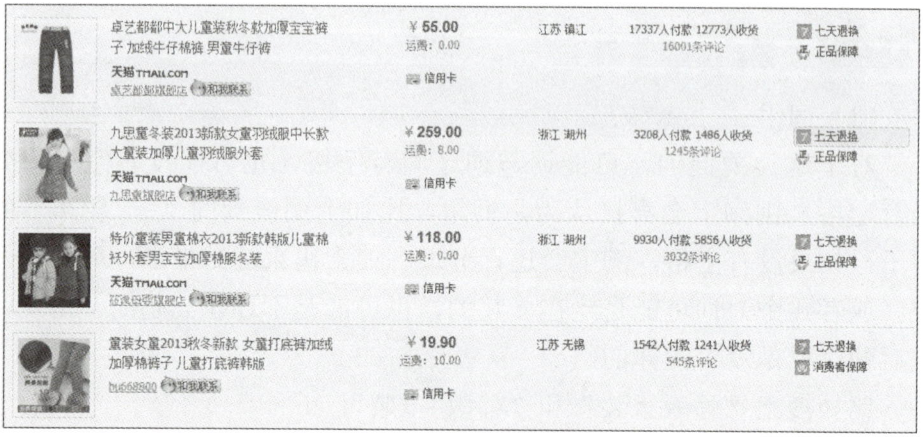

1.5.2 淘宝搜索关键词的过滤规则

前面提到过，淘宝搜索实际上就是一个过滤的过程。当我们在淘宝的搜索框中输入某一个关键词时，淘宝的搜索引擎就会对全网的所有商品开始进行过滤，然后把它认为最有可能成交的商品推荐给你。这就好比当你进入一个大卖场时，对门口的导购员说："我想要一件连衣裙"，然后导购就会把你引导到二楼的女装专柜，并且会过滤掉如男装、童装、化妆品、3C 产品等专柜的行为是一样的。那么，此时我们需要考虑一个非常重要的问题：淘宝搜索引擎的这种过滤规则是什么样的呢？如何才能保证我们的宝贝是符合淘宝搜索引擎"偏好"的呢？

（1）单字完全匹配规则

这个单字完全匹配的规则指的是，在搜索词中，所有的单字必须都完全包含在宝贝标题中时，宝贝才会有展示的机会。

比如，我们搜索"韩版童装"，那么在宝贝标题中就必须完全包含"韩版"和"童装"这两个词、四个字时才能够显示，在标题中缺少任何一个字商品都得不到展示。

再比如，我们搜索"穿着很舒服的韩版童装"，按照单字完全匹配的规则，这十个字必须完全在标题中被包含才可以，差一个字都不行，所以会看到下面的搜索结果：

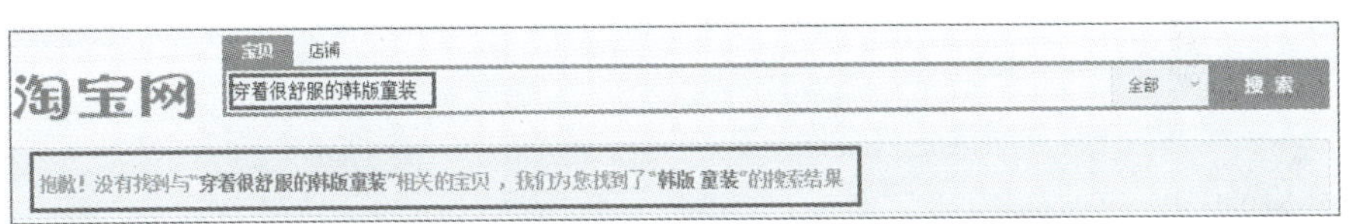

此时淘宝会找到这个搜索关键词中，它认为最核心的关键词"韩版童装"，然后展示跟"韩版童装"一样的搜索结果。

（2）单词纯粹显示原则

如果用户在搜索框中输入的关键词是在淘宝的词库中时，搜索结果将会只显示标题中含有完整单词的宝贝（也就是所有的字必须连在一起的宝贝）。比如搜索"羽毛球"时，因为这是属于淘宝词库中的词，淘宝的搜索引擎会认为这是一个单词，搜索结果也只会显示标题中含有完整的"羽毛球"这个词的宝贝，如果不连在一起，宝贝便不会获得展示的机会。

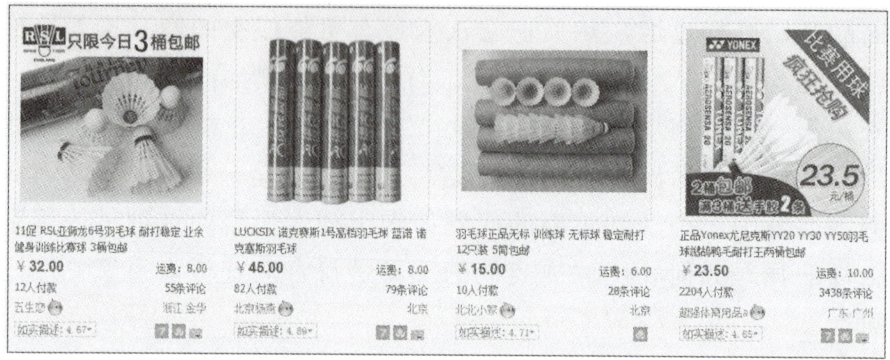

（3）词组无序匹配规则

如果搜索的是词组（这里指的是词与词之间没有空格的情况；如果有空格的话，则淘宝的搜索引擎会首先遵从用户的意愿，它会认为用户已经分好词），淘宝会根据对以前数据的概率分析，自行将词组分成两个或者多个单词，然后进行无序匹配。此时只要满足单子完全匹配的规则即可，没有必要满足纯粹显示的原则。

比如搜索"短袖 T 恤"：

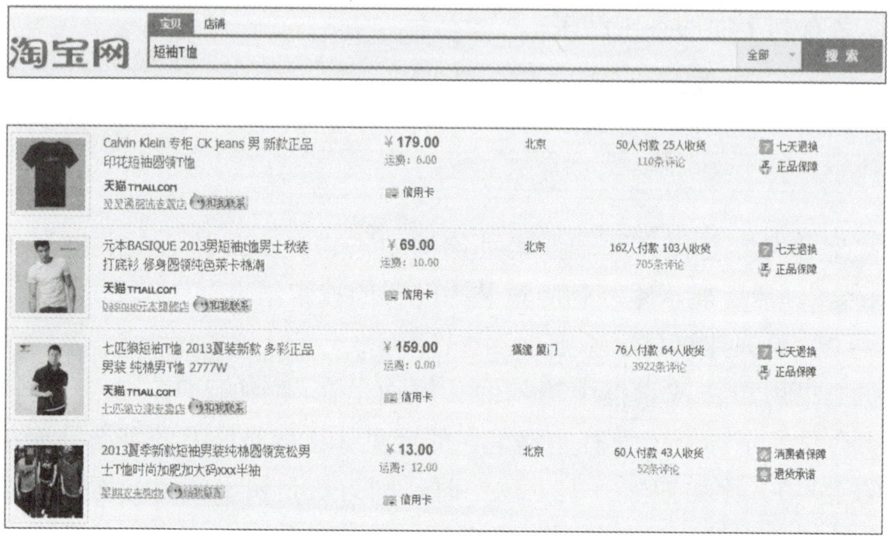

从搜索结果中可以看到，淘宝把"短袖 T 恤"这个词组分成了"短袖"和"T 恤"两个单词，然后进行了无序匹配（所谓的无序就是，谁排在前面和谁排在后面是没有规定的），这就是淘宝的分词技术。

这里还要注意一个关键问题，就是分词的匹配规则，这里有两个主要情况。

第一种情况：搜索者自己进行分词

一般搜索者在分词时会直接以加空格的形式体现，此时淘宝的搜索引擎会首先遵从搜索者的意愿，它会认为搜索的人预先做好了分词，不管分得合理还是不合理，也不管有没有意义，淘宝都会按照词组来对待，不会强行地合并到一起。比如搜索“T 恤”，在这两个字之间加上一个空格，单字“T”和单字“恤”分开后其实没有意义，但淘宝的搜索引擎仍会进行搜索，且搜索结果中会出现“T”和“恤”不连在一起的情况，并且当做词组看待，无序匹配。

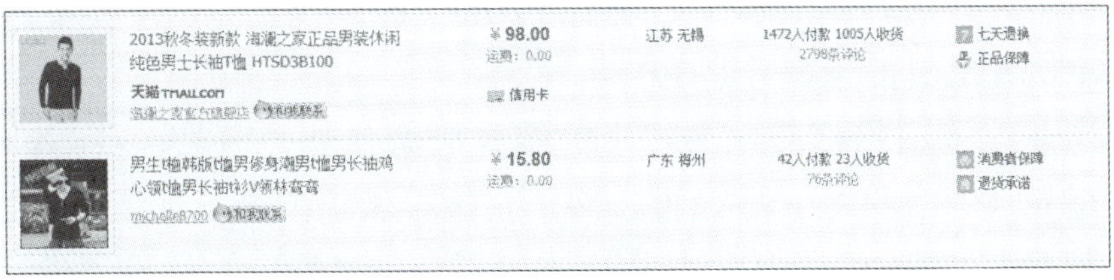

第二种情况：淘宝搜索引擎进行分词

如果搜索者没有进行分词，但这个关键词并不是淘宝词库中的词，此时淘宝的搜索引擎就会自己进行分词。比如在搜索框中输入“雪纺连衣裙”，这个词不属于淘宝词库中的单词，淘宝的搜索引擎会按照常见的词进行切分，分成“雪纺”和“连衣裙”，搜索结果如下：

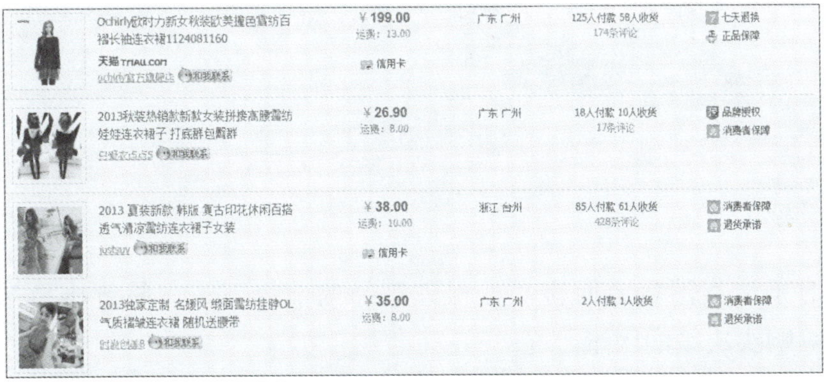

我们会发现，这个搜索结果跟搜索“雪纺 连衣裙”的效果基本类似。

根据上面的分析，从淘宝看待关键词的角度来说，我们在进行淘宝的宝贝标题优化时，应该注意用全关键词，且优先考虑淘宝词库中的词，在不影响阅读的情况下，应该把词连在一起，不要加空格或者特殊符号。

Section 1.6 从买家的角度如何看待关键词

从顾客的角度来讲，当其在淘宝的搜索框中输入某一个关键词时，实际上代表的都是一种客户需求。这个需求可能是以一个非常精准的关键词体现出来的，也可能是以一个比较模糊的关键词体现出来的。比如当用户在搜索框中输入“三星 I9100”时，代表的需求就很具体：一部手机，三星的，型号是I9100。

当前很多用户都喜欢去线下的实体店亲身体验商品，找到满意的具体型号（或者货号）后，再去网上直接搜索该型号（或者货号）。比如一名女士可能在线下的实体店中看中了一款接吻猫的鞋子，在记下货号后，去淘宝上购买，因为这样可以省很多钱。因此，我们经常能够在淘宝上看到一些卖家会在自己的宝贝标题中添加代表货号的关键词，这些词的搜索量不大，但转化率都是超高的。

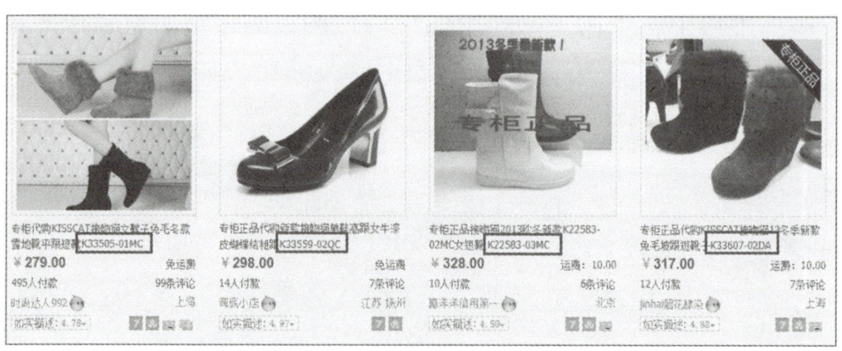

对于这类消费者而言，在保证正品的前提下，一般价格是最重要的影响购买决策的因素。

但是并不是任何时候买家输入的关键词都能代表一个具体的需求，比如也许用户只会在搜索框中输入“高跟鞋”，具体是什么品牌，什么颜色，什么价位，包括属性等都是不明确的、模糊的。这种代表一种模糊需求的关键词才是主流，主要包括以下七种：

- 产品的品牌词：苹果、诺基亚、三星、海尔、班尼路……
- 行业词/类别词：绿茶、成人用品……
- 产品名：紫砂壶、铁观音……
- 产品的属性词：黑色、韩版、无袖、修身……
- 产品的功能词：祛痘、美白、减肥……
- 具体的型号词：三星 I9100……
- 促销词：包邮、买赠、假一赔十……

对于这七类关键词，我们又可以分成三部分：上位关键词（主要包括产品的品牌词、行业词、类别词）、主关键词（主要指的是产品的名称或者通称）、下位关键词（主要指的是产品的属性功能、型号、促销词等）。我们看下面的这个宝贝标题：

特级海南特产野生苦丁茶养生花草茶 清火 降血压血脂 买二赠一

在这个标题中，“花草茶”是产品的类别，属于上位关键词；“海南特产”是产品的属性，属于下位关键词；“苦丁茶”是产品的名称，属于主关键词；“清火 降血压血脂”是产品的功能，属于下位关键词；“买二赠一”是促销词，属于下位关键词。

Section 1.7 从卖家的角度如何看待关键词

从卖家的设置角度上看，关键词代表的是产品的特性。比如一个卖家是卖碧生源减肥茶的，那么他设置的关键词中：“碧生源”代表品牌特性，“减肥”代表功能特性……。从关键词的意义上来看，顾客的需求跟产品的特性正好是吻合的。一个想减肥的用户会在关键词的搜索框中输入“减肥”，而卖家的产品恰好有减肥的功能，也就是说，顾客搜索的词跟卖家所设置的词是相符合的，这才是真正的匹配，因为这代表用户正在找的东西跟卖家所要卖的东西对接到了一起。

综合考虑买家和卖家对关键词的看法能够发现，在设置关键词时，实际上有两个基本原则：使用客户会搜索的词，使用能够代表产品的词。前者代表了顾客的需求，这就要求卖家应该非常熟悉自己的顾客，知道自己的顾客经常会搜索哪些关键词来购买他们所需要的产品；后者是与产品相关的关键词，这就要求卖家应该非常熟悉自己的产品，知道应该用什么样的词来代表自己的产品。

一个好的关键词组合应该包含了用户最有可能搜索的词，并且能够表现该产品的特性，也就是实现匹配。

Section 1.8 信誉、卖家服务与淘宝 SEO 规划

淘宝的搜索规则是一直在变化的，这就使得淘宝 SEO 的从业者要不停的探索、测试，去分析搜索引擎可能的算法。但是综观淘宝这些规则变化的背后，可以看到淘宝的搜索引擎一直在致力于三个目标的实现：

首先，引导卖家摆脱价格战。

淘宝上的竞争曾经一度陷入价格战的“囚徒困境”，卖家一味地通过各种打折、促销、低价，甚至是 1 元秒杀的方式吸引用户流量，即使到现在，依然有很多的卖家认为淘宝平台就是一个“淘便宜”的平台。

可以预见的是，如果任由这种方法盛行，必然会导致真正优质的商品很难获得流量。淘宝上购物的用户实际上已经从最原始的淘便宜过度到了“淘品质”阶段，淘宝上的竞争最终会归结到产品和服务的竞争，只有不断提高产品品质和服务质量才是王道。

因此淘宝搜索引擎将会逐渐引导卖家摆脱价格战。比如，在淘宝的默认综合排序中，排名靠前的宝贝基本都是价格比较适中的商品，而不是靠低价竞争的商品。同时，个性化搜索技术的发展，也使得同等档次的宝贝将会拥有属于自己的竞争商圈。也就是说，如果宝贝价值 1000 元时，而想通过 500 元的价格来制造竞争优势的想法可能就要破灭了，因为到时一起展示的可能都是 500 元左右的宝贝。

可以举一个很简单的例子：

一个茶叶卖家觉得茶叶的利润很高，为了冲业绩，把一款价值2000 元/斤的铁观音做到了 800 元/斤。因为他认为：我的宝贝是 2000元的品质，但是只卖 800 元，我一定有很强的价格竞争优势。但是很遗憾，这个卖家的愿望基本是落空的。因为，个性化搜索让这个 800 元的宝贝会跟其相似价位的宝贝一起展示，出现在其周围的都是 800 元左右的商品。

其次，将更多的流量重新分配给服务质量好的卖家。

前面已经提到过，淘宝上的竞争最终会归结到产品和服务的竞争。淘宝搜索规则的变化将会越来越明显地突出这一点：鼓励卖家提升服务质量，把服务质量差的卖家的流量重新分配到其他的服务质量好的卖家那里。

最后，节省买家的购物时间。

所有产品的升级换代实际上只是为了实现下列三个目标中的一个或者几个：让消费者比以前更快乐；减轻用户的痛苦；让消费者更节省时间。淘宝的搜索引擎在进行规则调整时，很大程度上在减少用户挑选宝贝时的时间成本和精力成本，不断缩短购物路径，让用户能够更快地找到想要的商品。淘宝个性化搜索的推出就是这一原则很好的体现，当一个高富帅在搜索 T 恤时，如果推荐给他的是那些销量很大、人气很高但却是 59 包邮的宝贝，那么无疑是在浪费他的时间。

综合上面的三个目标可以看到：服务的权重在综合排序中将会起到越来越重要的作用。那么卖家的服务质量体现在哪些方面呢？应该如何提升呢？

1.8.1 关于淘宝的信用

在早期时，淘宝的信用体系是反映卖家服务质量最直观的指标。淘宝会员在淘宝网每使用支付宝成功交易一次，就可以对交易对象作一次信用评价。评价分为“好评”、“中评”、“差评”三类，每种评价对应一个信用积分，具体为：“好评”加一分，“中评”不加分，“差评”扣一分，也就是说一个卖家的信用分=好评数－差评数。

4分-10分	
11分-40分	
41分-90分	
91分-150分	
151分-250分	
251分-500分	
501分-1000分	
1001分-2000分	
2001分-5000分	
5001分-10000分	
10001分-20000分	
20001分-50000分	
50001分-100000分	
100001分-200000分	
200001分-500000分	
500001分-1000000分	
1000001分-2000000分	
2000001分-5000000分	
5000001分-10000000分	
10000001分以上	

之所以说早期的淘宝信用体现可以反映卖家的服务质量，是因为淘宝的信用代表了客户满意度（这里还有一个好评率的概念，也就是好评数在所有信用评价总数中的比率）和商家的积累，交易量越大，说明卖家的店铺越受欢迎，服务越好。从这个角度上来看，信用在搜索排名中是可以作为一个参考依据的。

但是后来，淘宝的信用评价体系出现了危机，这种危机主要来自于两个方面：

（1）利用虚拟交易积累信用

卖家会通过充值、销售游戏点卡等虚拟交易的方式积累信用，等信用积累到一定程度时再开始销售实物，如服装。因为充值卡、游戏点卡等虚拟商品在互联网上的需求量非常大，所以往往能够迅速积累信用。但是这个信用只代表买家对虚拟产品的认可，并不代表对后面所经营的实物商品也是认可的。这样，信用在反映卖家服务质量方面的作用就大大降低了。

（2）刷信用风气的盛行

许多卖家急功近利，会通过各种虚假交易快速提升信用。虽然淘宝对这方面的打击力度越来越大，但仍有很多卖家通过这种方式作弊。

随着买家越来越成熟，对信用的理解越来越理性，我们甚至可以预测：淘宝的信用体系最后只能成为一个反映交易中好评数与差评数之差的数据，信用点数不会成为搜索排序中的参考依据，也不会成为购买的依据。

1.8.2 从卖家服务的角度看淘宝信用

百度百科对“信用”是这样解释的：能够履行诺言而取得的信任，是长时间积累的信任和诚信度。

在这个解释中有两个关键词，一个是信任，还有一个是诚信度，而这里面更核心的词汇是“信任”。在交易行为中，买方甚至愿意为这种“信任”支付更多的钱。有这样一个小例子：

一个长相普通的女孩子（在这里简称为小 A），非常喜欢化妆，经过长时间的学习和实践，积累了大量的化妆经验和化妆技巧，这些经验和技巧可以让一个平凡的女孩子通过化妆变得光彩照人。于是，小 A 开始录制一些视频，全程展现自己的化妆过程，并进行讲解，同时对各种化妆品的功效、优劣势等进行点评和分析。然后将这些视频发布到土豆、优酷等视频网站上。

想变漂亮的普通女孩子非常多，当她们看到这样的视频时，因为小 A 是本着一颗真诚的心，用很专业的知识在进行分享，所以就会有很多观看视频的人对小 A 产生一种信任感，从而变成她的粉丝。当小 A 在视频中推荐某一款眼影时，很多她的粉丝出于对小 A 的信任而购买了这款眼影。

粉丝是因为信任才选择小 A 推荐的这款眼影的，他们要的是一种保障，这个保障至少包括三个方面的内容：情感上不能欺骗粉丝；物质上不能让粉丝遭受损失；效用上能够真正地为粉丝带来价值。那粉丝为什么对小 A 这么信任呢？那就是专业和诚信度。

（1）专业

小 A 的经验一定是经过很多的经验总结才形成的。从这个角度来讲，她在化妆以及对化妆品知识的专业程度上是让粉丝信服的，这种信服是信任的决定性力量。

在淘宝店铺的运营方面，这种专业性所带来的信任感更是无价的，如果能让每一名顾客看到卖家的专业性，从长远来看，一定是非常有利于搜索排名的。这种专业性的内容包含很多方面，比如产品知识、行业知识、价格知识、产品的应用知识、竞争的知识，等等。要想体现卖家的专业性，可以从以下几个方面着手：

◆ 店铺装修：用心装修的店铺一定会比随意打理的店铺显得更专业。
◆ 客服咨询：在回答客户提问时，能够在最短的时间内给用户最想知道的答案。
◆ 包装发货：细节决定成败，包装在很多时候都能体现卖家的专业程度。
◆ 处理顾客异议：用专业的手段处理顾客异议。
◆ 其他方面：一本专业的电子书，一段专业的视频，都可以为卖家的专业程度加分。

（2）诚信度

诚信度就是言行一致。描述页中的每一句文案、每一张图片，客服的每一句话，等等，实际上都是在向消费者传递信息，也就是做出了一些承诺。比如，文案中说连衣裙是纯棉的，那就一定是纯棉的；文案中说到每个月可以瘦 10 斤，那就一定要能够瘦 10 斤……，这才是诚信。一个有诚信的卖家可以获取用户的信任，也可以带来更高的客户满意度。

许多卖家在做宝贝详情页以及在咨询时，为了提高转化率，会夸大宣传，殊不知，这恰恰是店铺经营的大忌。随着淘宝平台的愈发成熟，只有服务质量好的店铺中的宝贝才能获得更多的展现机会。

1.8.3 卖家服务与淘宝 SEO

淘宝 SEO 的中级目标就是和顾客建立起良好的关系，而良好关系的建立是要通过卖家服务来实现的。因此，从这个角度上来看，淘宝的

SEO 规划实际上只围绕一条：更好地为消费者服务，提高用户的购物体验。

Section 1.9 淘宝搜索的逻辑思维

一个流量的形成是要经过四个步骤：买家搜索关键词、宝贝获得好的展现、吸引卖家点击、用户点击进入详情页，从而形成一个有效的流量。

从这四个步骤可以看出，淘宝搜索的逻辑思维过程是这样的：在宝贝标题中要含有用户可能会搜索到的关键词；然后通过优化各种可能会影响排名的因素，使宝贝排名靠前，获得较好的展现位置；接下来要通过好的首图和卖点来吸引买家点击；用户成功进入宝贝详情页，通过好的详情页描述吸引买家下单购物。

淘宝 SEO 的过程就是对以上四个环节的优化过程。

第 2 章
淘宝搜索排名规则的详细解读及其应对

就像前面提到过的，影响淘宝宝贝搜索排名的相关因素，官方公布的加上卖家自己猜出来的，可能将近有200个因素。而且这近200个因素是在不断变化的，今天可能是这个因素的权重高一些，明天就可能是另外的一个因素权重提高了；也许某个因素在这个类目中是重要的，但在其他的类目却不是重要的。这些都给淘宝 SEO 工作带来了很大的障碍。

当然，我们很难把每一个规则都分析得很详细，那也是不现实的。但在诸多因素中，总有一些因素是比较重要的，是值得每一个类目都关注的。

Section 2.1 相关性排名规则的详细解读及其应对

在加入了消保和做了橱窗推荐的条件下，相关性是第一排序规则。因为淘宝搜索引擎的逻辑就是让买家能够更快地找到最想要的商品，所以很多时候我们都认为相关性是所有规则当中最核心的一个规则。首先看一个案例，以分析这种所谓的相关性包括哪些内容，以及淘宝运营人员应该怎样去应对。

笔者想在淘宝上买一个鼠标，但又不知道应该买什么样的鼠标。登录淘宝后，就在淘宝的搜索框中输入了“鼠标”两个字，表达了想买一个“鼠标”的需求。

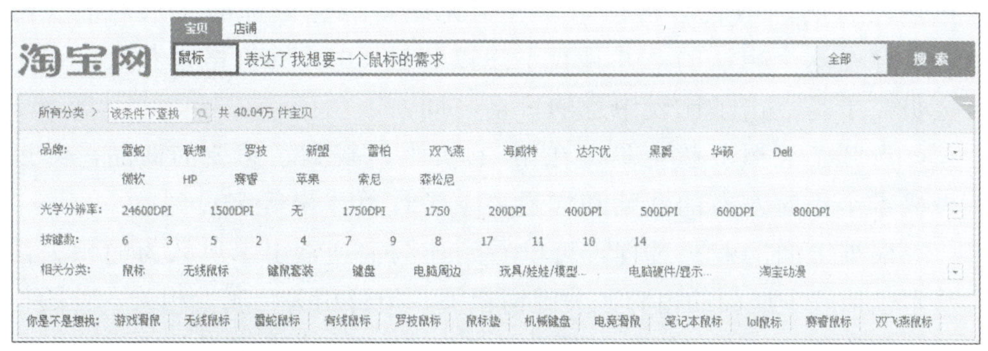

淘宝的搜索引擎在接到“命令”后，就会根据输入的这个关键

词，把宝贝库中所有标题中带有“鼠标”这两个字的宝贝全部检索出来。此时有一个基本的要求：标题中必须含有“鼠标”这两个字，缺少任何一个字都不能被检索出来，并且这两个字还必须连在一起，因为淘宝搜索引擎的词库认为这是一个单词。

宝贝	价格	所在地	销量	服务
威尼西巨腹蛇鼠标 有线鼠标 游戏鼠标 笔记本 usb 电脑 鼠标 包邮 天猫TMALL.COM 和我联系	¥9.90 运费：0.00 信用卡	广东 深圳	13083人付款 8930人收货 56007条评论	七天退换 正品保障
新盟曼巴蛇 鼠标 有线鼠标 游戏鼠标 笔记本 usb 电脑 鼠标 包邮 天猫TMALL.COM 和我联系	¥29.90 运费：0.00 信用卡	上海	19983人付款 14528人收货 79965条评论	正品保障
【+1元送音响】卡佐武极 鼠标 有线游戏鼠标 笔记本 usb 电脑鼠标 天猫TMALL.COM 和我联系	¥29.80 运费：0.00 信用卡	上海	19039人付款 15396人收货 84382条评论	正品保障
动靡烈焰豹 鼠标 有线鼠标 游戏鼠标 笔记本 usb 电脑 鼠标 磨砂 天猫TMALL.COM 和我联系	¥23.80 运费：2.00 信用卡	广东 深圳	30598人付款 24472人收货 62393条评论	七天退换 正品保障
包邮送礼 鼠标 Dismo M33 有线鼠标 游戏鼠标 笔记本电脑USB 鼠标 天猫TMALL.COM 和我联系	¥29.90 运费：0.00 信用卡	上海	23133人付款 18579人收货 109279条评论	七天退换 正品保障

从这个意义上来说，“鼠标垫”、“鼠标贴”、“鼠标腕垫”等商品因为包含了“鼠标”这两个字，也会被检索出来。但很遗憾，当笔者翻到第 100 页时，看到仍全部都是鼠标，而看不到鼠标垫等其他商品。

接下来，笔者从被推荐出来的鼠标中去寻找自己中意的宝贝，虽然没有明确地表达自己想要一个无线、黑色鼠标的需求，但我内心是存在这个想法的，并且我不想以超过 80 元的价格来获取到这个宝贝，于是点击了比较中意的价格区间。

点开了大概五款宝贝，在第 2 页上，找到了想要的商品，经过大概半个小时左右的选购和沟通，下了订单，坐等宝贝到家。

根据上面的购买过程，可以看到，淘宝搜索引擎所认为的相关性基本包括五个层面的内容：关键词相关、类目相关、属性相关、首图相关、其他相关。在相关性方面，淘宝的 SEO 工作也是从这五个层面着手的。

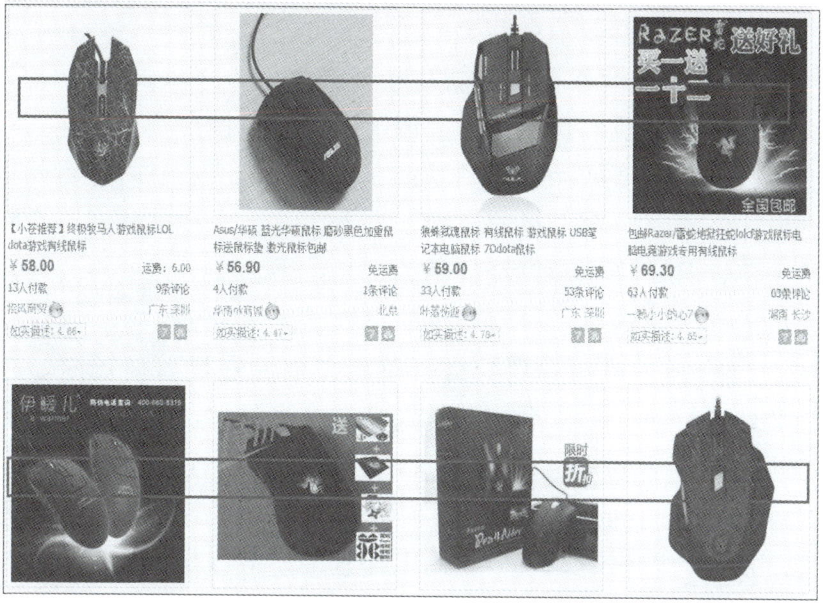

2.1.1 标题的关键词相关

当用户在搜索框中输入某一个关键词，并点击搜索按钮后，搜索引擎就开始进行关键词检索，它会查看库中所有的宝贝标题，把标题中含有关键词的全部宝贝都检索出来。被检索到的关键词排名肯定是在不被检索到的关键词排名之前的，从这个角度而言，在相关性方面，关键词是第一排名要素。比如，搜索“逻辑 鼠标”时，标题中缺少这四个字中的任意一个字，宝贝都不会被展示。

从淘宝 SEO 的策略而言，一定要充分利用宝贝标题 30 个字的空间，在不影响用户阅读体验的前提下，选取用户最有可能搜索的词，同时最能代表产品特性的关键词进行标题写作，从而获得理论上的尽可能多的展现机会。

2.1.2 类目相关

类目表达的是商品的归属，如男装、男鞋、奶粉，等等，这是第二相关要素。再来看一个小例子：

今年暑假时，笔者有一套新房子要装修，在一个周末跟老婆一起去国美挑选家电。我们在二楼的空调区选好了空调；然后又在三楼的热水器专区找到了想要的品牌和型号；在四楼挑选洗衣机时，竟然在三星的品牌专区发现了一台三星的电视，当然，这台电视被放在一个特别不起眼的角落，且正在展示三星的相关产品；最后在五楼的电视专区，在导购人员的建议下购买了一台心仪的电视。

从上面的例子中能看到什么？首先，商品在进入商场时，都已经分门别类地分好了，每一个产品类别、每一个品牌，都有专属的区域；其次，电视这个品类是在五楼，虽然四楼也有电视，但是会藏在角落里，很难有展示的机会；最后，四楼是卖洗衣机的，所以优先展示洗衣机类目。那么，若将这几条放在淘宝搜索中，应该是什么样的情况？

第一：淘宝上所有的商品都已经分门别类地放好。

卖家在发布商品时，第一件事儿就是要给自己的产品归类，每一个类目就相当于一个固定的商品存放路径，方便卖家和淘宝平台进行管理。

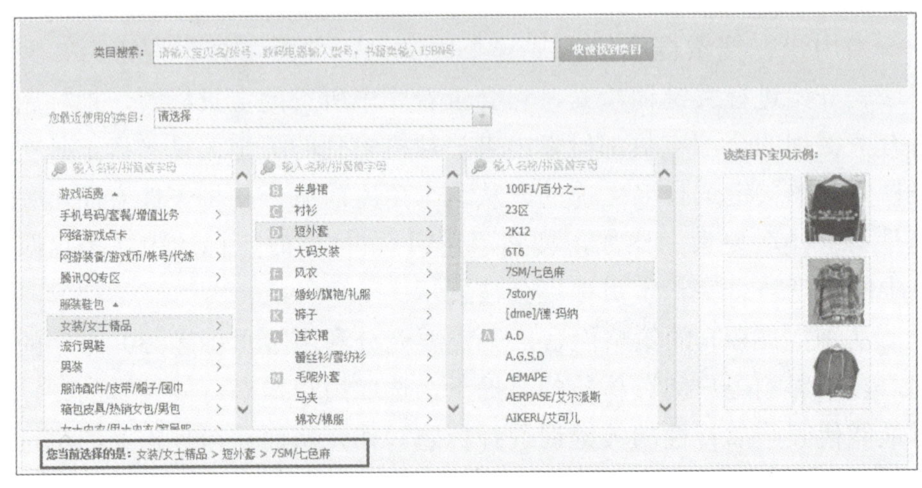

第二：用户搜索相关的关键词时，优先展示最可能成交的推荐类目。

淘宝的搜索引擎具备强大的自我学习功能，它会根据用户以前搜索后的行为（点击和购买）进行推测，通过相关统计，分析当前用户最有可能成交的类目，然后优先推荐给买家。比如搜索“短袖 T 恤女”，淘宝搜索引擎优先推荐的类目是“T 恤”，放在这个类目下的商品会被优先展示。而放在“蕾丝衫/雪纺衫”、“中老年服装”、“大码女装”等类目下的“女士短袖 T 恤”将会在“T 恤”这个类目下的宝贝之后展示，甚至不被展示。那么，就可以说“T 恤”这个类目针对于“短袖 T 恤 女”这个关键词，是相关性最强的类目。

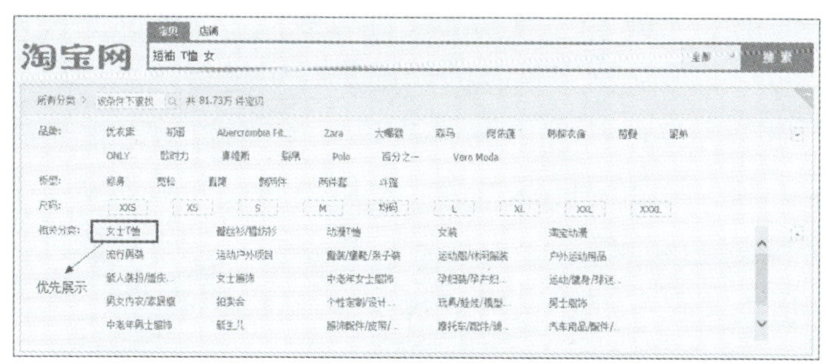

第三：放错类目不会被推荐，甚至会被降权。

在进行类目搜索时，优先展示的肯定都是跟这个类目相匹配的商品，放错类目的宝贝不会被展示，甚至会被降权。比如，我们点击“净水器”这个类目时，在搜索结果中是不会出现洗衣机的，更不会出现运动鞋。

第四：关于淘宝的前台类目的概念。

举个简单的例子，用户在搜索“皮带”这个关键词时，会出现下面的搜索结果：

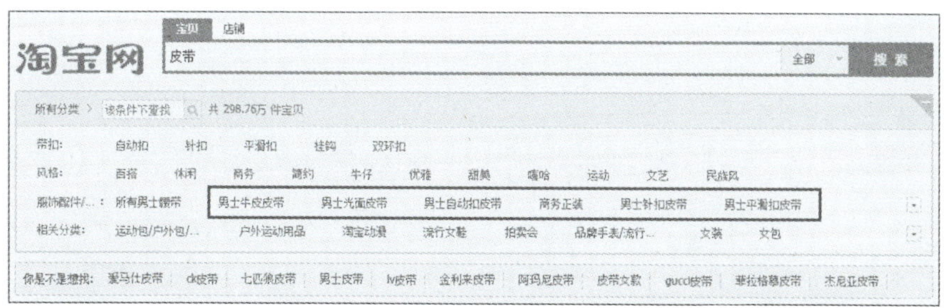

发布商品时，不会有“男士牛皮皮带”这样的类目选项，这就称为前台类目。

针对上面的基点，淘宝 SEO 工作首先应该从选对类目开始。卖家在发布商品时一定要选对类目，这就需要卖家对自己产品相当熟悉才可以。如果不能确定自己的宝贝到底应该放到什么类目下，可以通过以下几种方式进行查看：

（1）发布商品时利用“快速找到类目”功能

在发布宝贝时，有一个“快速查找类目”的功能，只要在搜索框中输入商品的核心关键词，淘宝就会自动推荐相应的匹配类目，卖家需要结合自己的产品再从淘宝推荐的匹配类目中进行筛选。比如，想上架一款家庭用的美容仪器（有丰胸的功效），但不知道这款产品到底应该上架到什么类目，另外，也不知道“家用美胸仪”和“家用丰胸仪”这两个关键词到底应该用哪一个。这时可以用类目搜索功能进行查找，分别搜索“家用美胸仪”和“家用丰胸仪”，结果如下：

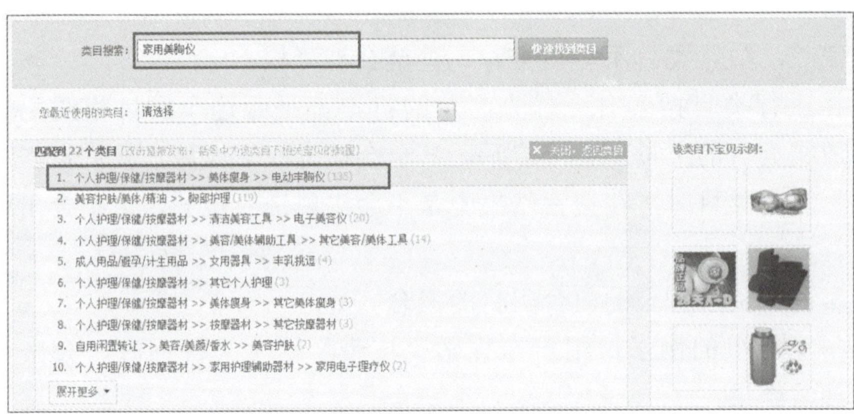

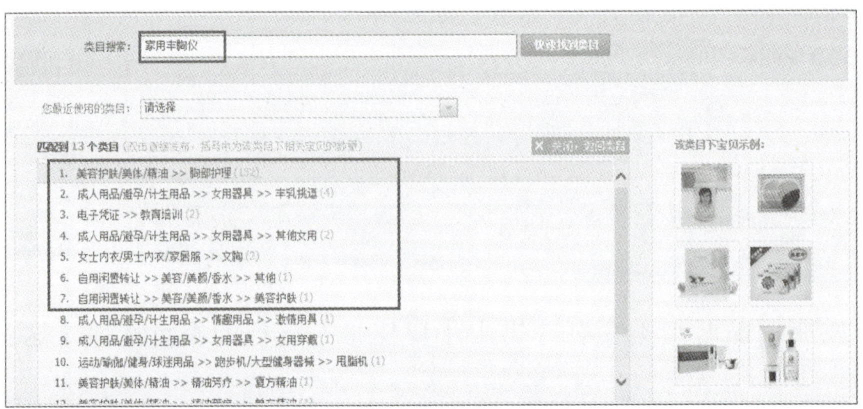

两个截图所代表的含义我们都是理解的，以“家用美胸仪”为

例，证明在搜索这个关键词时，“个人护理/保健/按摩器材”是最佳第一类目，“美体瘦身”是最佳第二类目，“电动丰胸仪”是最佳第三类目，淘宝搜索引擎认为这个组合是最匹配的类目，如果有用户搜索“家用美胸仪”时，在这个最佳类目下的宝贝就会被优先展示。

而在搜索“家用丰胸仪”时，会发现淘宝搜索引擎推荐的前十类类目中，要么是精油，要么是成人用品等不相关的行业。但产品是属于个人美容仪器类目的，肯定不能放在精油类目或者成人用品类目，而错放类目也会遭到淘宝的处罚。如果想从“家用美胸仪”和“家用丰胸仪”这两个词中进行选择的话，初步认为“家用美胸仪”更科学一些。

这也给我们提了个醒：在用发布宝贝时的类目查找功能选择最匹配的类目时，除了参考推荐外，还应该考虑产品的属性，比如以输入“篮球”这个词为例：

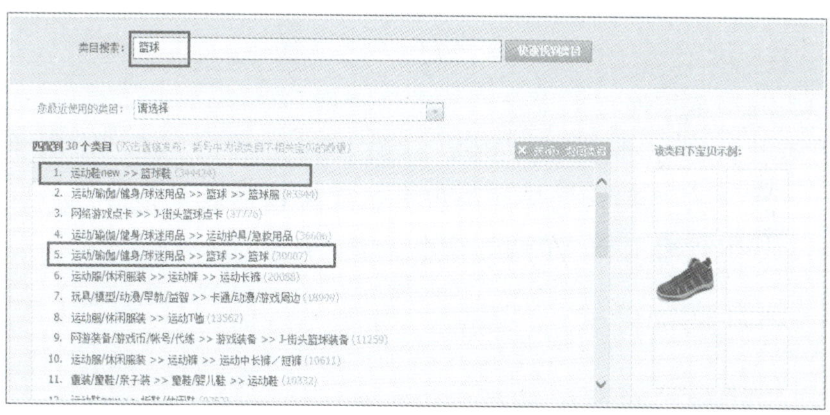

排名第一的是“篮球鞋”类目，其下依次是“篮球服”、“街头篮球点卡”、“运动护具/急救用品”，等等，一直到第五个才是“篮球”类目。那把要发布的宝贝放到“篮球鞋”、“篮球服”等类目下会被优先推荐吗？我们知道，即使不考虑错放类目被处罚的问题，宝贝也是不可能被推荐的。

（2）利用淘宝指数

淘宝指数是一个非常有用的免费的数据分析平台。进入淘宝指数网页（shu.taobao.com），在搜索框中输入相关的关键词，还是以“短袖女 T 恤”这个关键词为例：

淘宝指数 beta 2.0

短袖 女 T恤　搜索

进入搜索结果页面后，点击“市场细分”，可以看到推荐的最优第一类目是“女装/女士精品”，最优第二类目是“T 恤”：

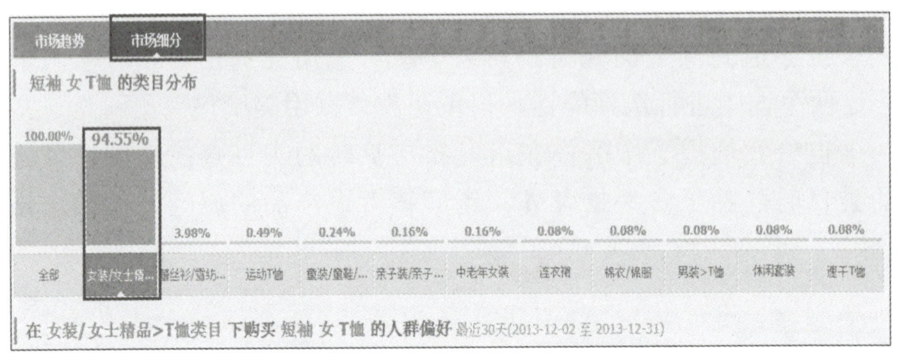

（3）利用数据魔方的“全网关键词查询”功能

打开数据魔方网页（标准版，订购半年以上），利用“全网关键词查询”功能，在“搜索趋势与类目分布”中也可以看到最优类目，比如，还是搜索“短袖 女 T 恤”这个关键词：

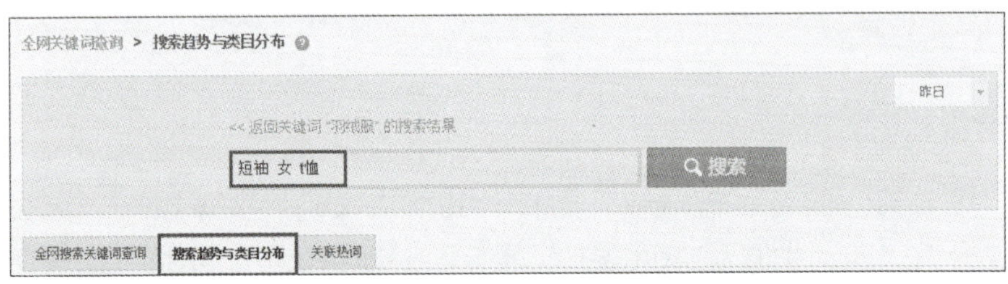

TOP10一级类目

序号	类目名	搜索指数	搜索指数占比	搜索人气	搜索人气占比	点击指数	点击指数占比
1	女装/女士精品	3,829	99.39%	1,056	98.86%	2,304	99.37%
2	运动服/休闲服装	15	0.33%	6	0.49%	9	0.33%
3	童装/童鞋/亲子装	8	0.18%	5	0.41%	5	0.18%
4	男装	4	0.07%	2	0.08%	3	0.07%
5	户外/登山/野营/旅行用品	2	0.02%	2	0.08%	2	0.04%

每页显示 10 条 1-5 / 5 条　　1 共1页，到第 页 确定

TOP10细分类目

序号	类目名	搜索指数	搜索指数占比	搜索人气	搜索人气占比	点击指数	点击指数占比
1	女装/女士精品>T恤	3,713	96.31%	1,010	94.48%	2,232	96.24%
2	女装/女士精品>蕾丝衫/雪纺衫	117	2.83%	46	3.98%	71	2.84%
3	运动服/休闲服装>运动T恤	15	0.33%	6	0.49%	9	0.33%
4	女装/女士精品>中老年女装	8	0.18%	3	0.16%	5	0.18%
5	童装/童鞋/亲子装>T恤	5	0.11%	4	0.24%	4	0.11%
6	童装/童鞋/亲子装>亲子装/亲子时装	4	0.07%	3	0.16%	3	0.07%
7	男装>T恤	4	0.07%	2	0.08%	3	0.07%
8	户外/登山/野营/旅行用品>速干T恤	2	0.02%	2	0.08%	2	0.04%
9	女装/女士精品>棉衣/棉服	2	0.02%	2	0.08%	2	0.04%
10	女装/女士精品>连衣裙	2	0.02%	2	0.08%	2	0.04%

每页显示 10 条 1-10 / 10 条　　1 共1页，到第 页 确定

通过数据魔方可以分析出跟淘宝指数一样的结果。当然，最关键的还是要对自己的产品非常熟悉，这样才能找到最匹配的类目，避免因为放错类目被淘宝认为是作弊而带来不必要的麻烦。

Section 2.2 属性相关

对于淘宝关键词的分类，不同的分类标准可以分成很多的类别，比如可以分成“核心关键词”和“长尾关键词”；可以分成“流量关键词”和“点击关键词”；还可以分成产品词、行业词、属性词、促销词，等等。这里用另外一种标准把关键词分成“模糊关键词”和“精准关键词”。如何理解这种分类呢？

比如，有一个用户在淘宝上搜索“三星 I9100”，通过这个搜索行为，基本可以判断出这个用户想要一部手机，是三星的，型号是I9100。这个需求就非常具体了，淘宝的搜索引擎很容易根据这个关键词来推荐最精准的产品，这种关键词就叫做“精准关键词”。

但是很多时候，用户并不能像上面那样去通过一个关键词精准地表达自己的购买需求。比如，用户有可能去搜索“毛衣”。此时搜索引擎只知道该用户想要的是毛衣，但具体是长款还是短款，什么品牌，什么领型，什么风格却一概不知。也许用户想要一个田园风格的，可是搜

索引擎却推荐了大量的韩版的毛衣，此时用户的购物体验就会降低，这是淘宝的搜索引擎不希望看到的。在这里，“毛衣”这个关键词表达的只是一种模糊的需求，所以叫做“模糊关键词”。

那淘宝的搜索引擎如何才能知道用户的真实购买需求呢？还是靠其强大的自我学习功能来猜测。比如，通过对以前用户数据的统计，发现有 90%的消费者最终都购买了“韩版”毛衣，那么它就会默认为当前的这个消费者有 90%以上的可能性会购买一款韩版毛衣，搜索引擎就会优先推荐韩版毛衣。

很多卖家在发布宝贝时，都迫切希望赶紧上架销售，因此在填写宝贝属性时很不认真，这是非常错误的。在发布宝贝时，一定要认真地将宝贝属性填写完整，写正确，以便得到正确的推荐。

淘宝搜索规则当中的属性相关可以给我们带来很大的启发。因为它会按照最有可能成交的属性组合进行推荐（也就是在一定时期内成交量最大的属性值），如果知道某个时间段淘宝所推荐的最优属性组合是什么，并据此选择主推的产品，无疑会给制定运营决策提供便利。那么，如何才能知道淘宝在某个时间段所推荐的最优属性组合是什么呢？

可以选择利用“生 e 经”软件，在行业分析里，有一个“属性成交量分布”，可以在这里查询每一个属性值的成交分布情况，从而找到当前成交量最大的属性。因为一般情况下，淘宝都会推荐最有可能成交的属性，所以基本可以推断出最优属性组合是什么。比如，查看“女装/女士精品/羽绒服”这个类目：

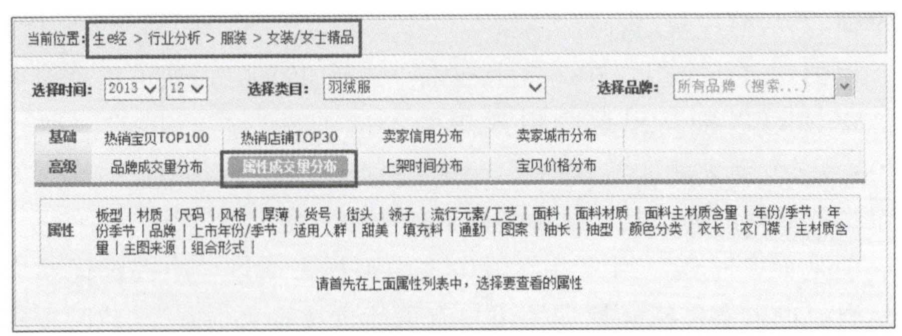

可以点开任意一个属性标准查看在 2013 年 12 月份成交量最大的属性值是哪一个。比如，点击“板型”，会出现下面的统计结果：

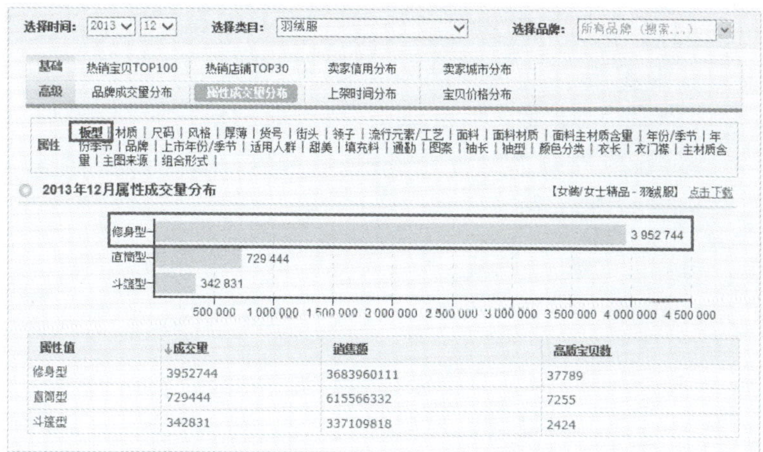

属性值	↓成交量	销售额	高质宝贝数
修身型	3952744	3683960111	37789
直筒型	729444	615566332	7255
斗篷型	342831	337109818	2424

可以看到，修身型的羽绒服卖得是最好的，占绝大部分比例，淘宝的搜索引擎在推荐时也会重点推荐修身型的宝贝。这种方法对于开通了“生 e 经”的卖家而言是可行的，但是很多小卖家没有开通“生 e 经”，应该如何知晓淘宝的搜索引擎推荐的最优属性组合是什么呢？下面，给大家讲一种技巧：

在发布商品时，首先要填写的就是宝贝属性。比如，想发布一款女士羽绒服，进入发布界面后会看到：

填错宝贝属性，可能会引起宝贝下架，影响您的正常销售。请认真准确填写

品牌： 可直接输入内容

货号：

主图来源：
请仔细查看属性含义，会关系到您的商品展示 更多帮助...

板型：

厚薄：

风格：

衣长：

袖长：

领子：

袖型：

衣门襟：

图案：

这里面的内容在产品发布成功后会以产品参数的形式反应在宝贝详情页中，其中淘宝 B 店展现的形式是“产品参数”：

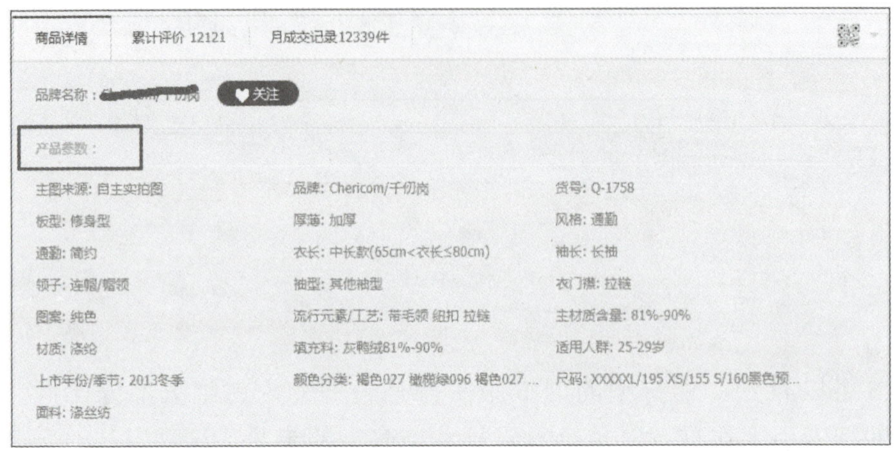

淘宝 C 店则不会显示“产品参数”四个字：

宝贝详情	评价详情(440)	成交记录 (3902件)
主图来源: 自主实拍图	品牌: 鱼丸粗面	板型: 修身型
厚薄: 适中	风格: 通勤	通勤: 韩版
衣长: 长款(80cm<衣长≤100cm)	袖长: 长袖	领子: 翻领/POLO领
袖型: 常规袖	衣门襟: 暗扣	图案: 纯色
流行元素/工艺: 带毛领 系带/腰带 ...	主材质含量: 96%及以上	材质: 聚酯纤维
填充料: 白鸭绒81%-90%	上市年份/季节: 2013冬季	颜色分类: 掌柜保证毛领和图片一样...
尺码: S（合适80-98斤） M（合适9...	面料: 记忆/仿记忆面料	

因为一般用户都会在前十页左右完成自己的购买行为，所以我们可以根据类目的大小选择搜索结果页不同数量的宝贝进行统计。比如，女装类目可以选择前十页，而如果是小类目（如山地自行车），则可以选择前五页。

第一步：将要统计所有宝贝详情页中的产品参数全部都复制并粘贴到 Word 表格中。

直接复制后粘贴就可以，这个步骤一般需要消耗 2～3 个小时左右的时间，以所选择宝贝数量的多少而需要的时间不同。

第二步：在 Word 中，统计主要属性标准中各个属性值出现的频次。

这里没有必要统计所有的属性标准，可以挑选比较重要的指标进行分析。针对羽绒服这个类目，可以统计板型、风格、衣长、袖长、薄厚，等等。统计的方法也很简单：在 Word 中使用替换功能。比如，查找板型属性指标中“修身型”这个属性值出现的频率：

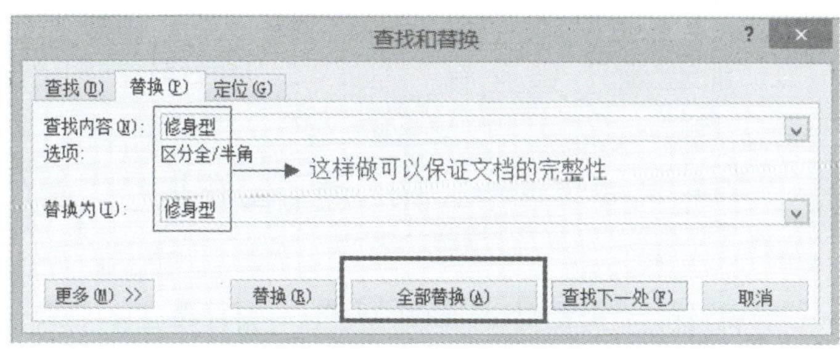

单击“全部替换”后，会出现如下提示框：

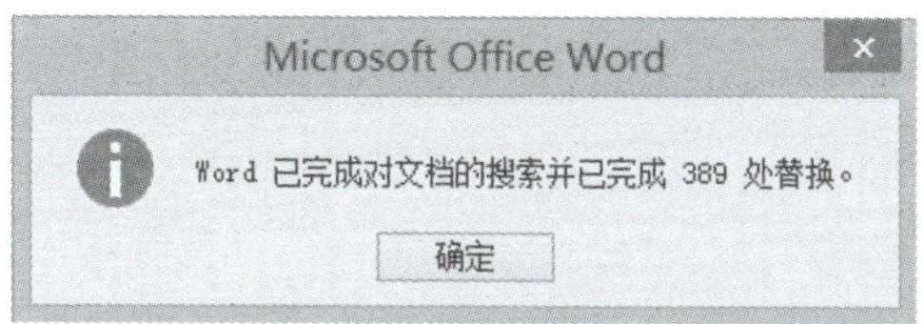

这表示，在统计的所有商品中，针对“板型”这个属性指标，“修身型”一共被淘宝的搜索引擎推荐了 389 次。

第三步：将所有重要的属性指标全部统计完成并在 Excel 表格中列出。

为了分析更加直观，可以将所有重要的属性指标全部统计完成后，在 Excel 表格中列出：

版型	出现次数	薄厚	出现次数	风格	出现次数
直筒型	39	薄款	34	甜美	129
修身型	389	加厚	243	通勤	544
斗篷型	16	适中	168	街头	106
衣长	出现次数	袖长	出现次数	领子	出现次数
超短款	1	长袖	436	立领	60
短款	91—1	七分袖	4	西装领	4
常规款	99	五分袖	1	娃娃领	3
中长款	231	中袖	1	可脱卸帽	30
长款	300-231-18	短袖	0	双层领	7
加长款	18	无袖	0	一字领	1
				荷叶领	1
袖型	出现次数	衣门襟	出现次数	翻领	38
蝙蝠袖	1	单排扣	49	……	
常规袖	375	双排扣	21		
飞飞袖	0	牛角扣	1		
公主袖	4	拉链	509		
……		暗扣	15		

从这个统计结果可以看到：在板型这个属性指标中，“修身型”出现的频次是最高的，并且占有统治地位；在“薄厚”这个属性指标中，“加厚”的比例是最高的；“通勤”风格的羽绒服更容易被推荐；“中长款”的羽绒服是最受欢迎的（虽然在统计“长款”时出现了 300 次，但是因为“中长款”和“加长款”都含有“长款”两个字，计算时需要扣除）……。

第四步：从自己的宝贝库中选择最接近最优属性组合的宝贝进行主推。

如果卖家恰好有一件宝贝是修身型的、加厚款的、通勤风格，还是中长款、长袖、拉链的……，这款羽绒服相对于其他的宝贝来说，一定更有机会获得推荐。

2.2.1 首图相关

用户在淘宝上进行搜索时，看到的搜索结果中最主要的就是首图。每一次搜索，实际上都代表了用户的一种需求。比如，在搜索“短袖 T恤 女”时，代表的搜索需求是：一件女性穿的短袖 T 恤。对于用户而言，在出现的搜索结果中，不想看到男款的衣服，也不想看到长袖的，也不想看到连衣裙，等等，只想看到女性的短袖 T 恤。虽然目前淘宝对于主图相关，除了对于“牛皮癣”化宝贝首图的商品在搜索上给予一定的降权外（部分类目商品），还没有一个明确的规则。但是从优化顾客体验的角度来看，在未来，淘宝一定会把首图相关这一要素纳入淘宝的搜索排名算法中。

对于淘宝 SEO 来讲，商品的首图一定要重点突出产品本身，没有牛皮癣，清晰、完整。这会成为影响淘宝搜索排名一个很重要的因素。

2.2.2 其他相关

其实相关性所要传达的信号就是：把用户最有可能成交，最想要的宝贝，用最短的时间提取并推送出来。除了这四个相关层次外，还包括消费档次相关（高富帅有高富帅的水准、屌丝有屌丝的期望值）、品牌相关、卖家所在地相关，等等，都会在未来的搜索排序中或多或少地起到作用。

相关性可以算作淘宝搜索的第一排序要素（在满足消保和橱窗推荐的前提下），因此淘宝 SEO 的基础工作就是做好相关性，但是很多淘宝卖家经常忽略这个最基础的因素。在相关性方面，淘宝方面的禁忌有以下重要三点：

- 乱放关键词：如果关键词不能代表宝贝特性，哪怕有再多的搜索量也不能在标题中出现。
- 错放类目：即使是淘宝第一推荐的类目，如果跟宝贝不相符合，也不能乱放，这是为了保证更好的用户购物体验。
- 写作不规范：良好的阅读体验很关键。

Section 2.3 下架时间排名规则的详细解读及其应对

淘宝搜索规则变化的三个基点之一就是要让卖家公平竞争，在淘宝的现有规则中，最能体现公平原则的因素就是下架时间。在综合排序中，为了体现对卖家公平公正的原则，下架时间一直会是比较重要的排名因素，这样可以用来保证每一个符合规定（加入了消保、橱窗推荐、符合相关性）的宝贝都有被展现的机会。

下架时间的排名规则指的是越接近下架时间的商品，排名就越有机会靠前。因为淘宝上所有的商品都有一个七天的上架周期，所以下架时间跟上架时间是完全相同的，优化下架时间，实际上优化的就是上架时间。

买家在进行相关搜索时，在搜索结果页面的综合排序下，第一行的四个宝贝排名相对来说比较稳定，剩下的商品会在“下架时间”的影响下轮播排序，白天每隔 15 分钟左右更新一次，晚上每 30 分钟更新一次。但是如果选择人气排序的话，基本上从早上 9 点到下午 4 点，变化都不会太大。常规来说，下架时间前的 1 个小时，排名的状况是最好的。

但是一定要注意一个问题：下架时间对卖家是公平的，对买家却是不负责任的。买家挑选商品的过程可以看作是面试的过程，买家作为一个面试官，要面试 100 个人，如果这 100 个人都按照时间的先后顺序进行面试的话，可能需要消耗面试官大量的时间，这是不经济的。所以面试官可能更希望先把这 100 个人当中非常不符合要求的直接 PASS 掉，条件完全差不多的再按照时间的先后顺序进行面试。因此，下架时间会是一个很重要的因素，但不会是唯一的因素，在淘宝搜索规则不完善的情况下，下架时间确实曾经是唯一的因素。

既然越接近下架时间的商品排名就越有可能靠前，那么每个卖家都希望自己的宝贝快下架时恰好是买家最集中的时间段。网上也有很多淘宝 SEO 教程在讲到这里时会告诉大家，要在网民在线购物比较集中的时间段安排宝贝上架，并给出建议：上午 9:00～11:00、下午 3:00～5:00、晚上 8:00～10:00，然后工作日的流量要明显大于周末。表面上看起来这种建议是无可厚非的，但事实真的是这样吗？

2.3.1 不同的目标受众选择购物时间的偏好不同

前面提到的几个时间段确实是网民在线时间比较集中的时间段，但这里考虑的是大众网民的基本情况，不一定适合所有的商品，看下面这个表格：

A	B	C	D
上架时段	成交量	销售额	高质宝贝数
23时	92713	4052014	3062
22时	91601	3811753	3838
21时	52321	2587382	3300
15时	33509	1512511	2346
0时	32964	1245803	1152
20时	31011	1304237	2287
10时	30415	1605233	2000
16时	29857	1621677	2290
14时	29169	1801590	2105
17时	28940	1090763	1896
13时	27384	1079318	1792
11时	26681	1223219	1941
12时	26458	1224158	1580
18时	23342	984449	1447
19时	20988	727060	1468
9时	20389	983709	1330
1时	8670	425087	404
8时	5365	299609	345
2时	2455	170362	193
7时	2328	109886	116
5时	2315	94793	39
3时	1367	115416	90
4时	785	23474	58
6时	580	76268	50

这是笔者从“生 e 经”当中下载的数据，这个表格是“成人用品”行业成交时间的一个分布图，我们会发现，成交量最大的时间段排名前六名中，只有一个是下午 3 点左右，其他绝大部分都是在晚上甚至夜间成交的（23:00～0:00 的成交量最大）。

因此，在安排宝贝上架时间时，大众的上网时间分布数据只能做一个参考，卖家更多地需要考虑产品目标受众的上网集中时间。如果目标受众是大学生，那么他们上网的主要时间就应该是晚上和周末；而如果目标受众是在家照顾孩子的年轻妈妈们，那么他们的在线时间主要会集中在白天。这里所谓的目标受众，指的是购买者，而不是实际使用者，比如老年保健品的实际使用者是老年人，但购买者却是上班、且没有太多时间照顾老人的子女。

另外随着无线技术的发展，网民的上网时间也发生了很大的变化，这也是需要关注的焦点。

2.3.2 尽量避开人气较高的商品

对于新品来说，在刚刚开始上架时，人气方面跟那些已经在淘宝上卖得很好的宝贝相比存在天然的劣势（没有收藏、没有销量、没有评价等），这也是为什么淘宝的搜索排序中要把下架时间因素当成非常重要的一个排序因素的原因。同时，淘宝的搜索引擎也会给新上架的商品比较大的搜索权重。

但是安排新品上架时，还是应该尽量避开人气较高的商品，原因有二：第一，人气高的宝贝在排名时会有优势；第二，用户购买时的从众心理（看到销量多的商品会默认为这件商品比较好，更容易被点击）。那如何知道人气较高的商品的下架时间呢？比如，想搜索“LED 台灯”这个关键词时，人气较高的前 50 的宝贝下架时间。

第一步：搜索“LED 台灯”后点击“人气”排行。

之所以选择按人气排行，是因为这种排序方式下，更能代表每一个商品人气值的高低。

第二步：点开准备查询的商品的详情页。

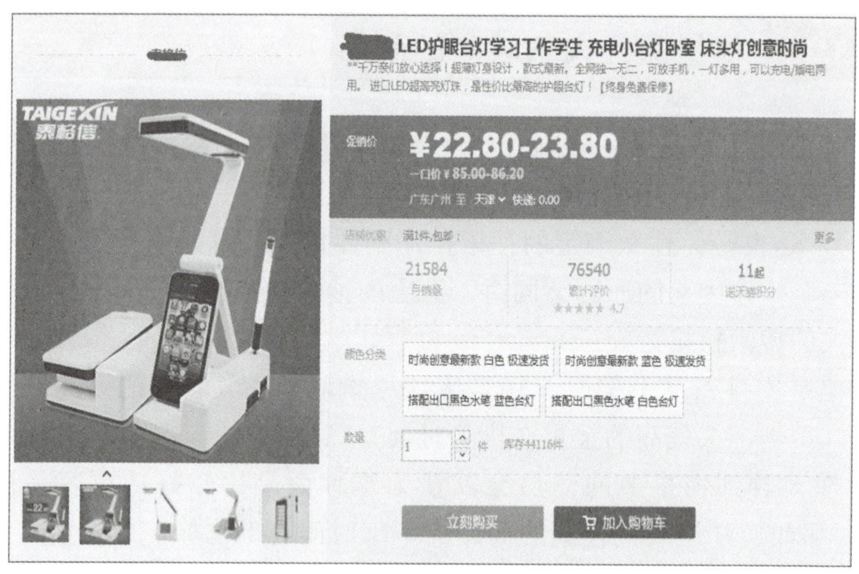

第三步：查看该产品详情页的源代码。

在空白处右击，在弹出的快捷菜单中点击“查看源”命令（不同的浏览器，名称可能会不一样）。

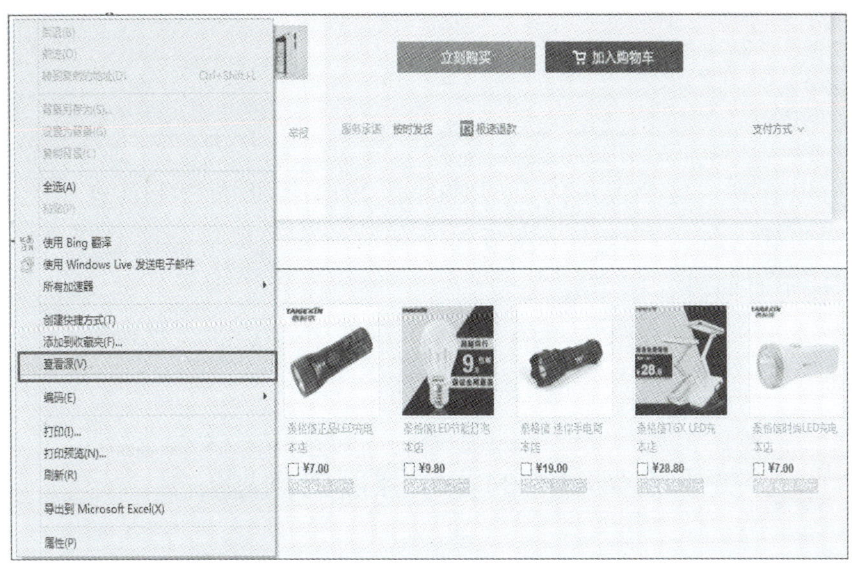

第四步：查找该商品的下架时间。

在源代码页面，按【Ctrl+F】组合键，在弹出对话框的“查找”文本框中输入“ends”，点击“下一个”按钮，在出来的结果中，ends 后面的那一串数字就是该宝贝的下架时间，只不过是 UNIX 时间戳，我们选择前十位。

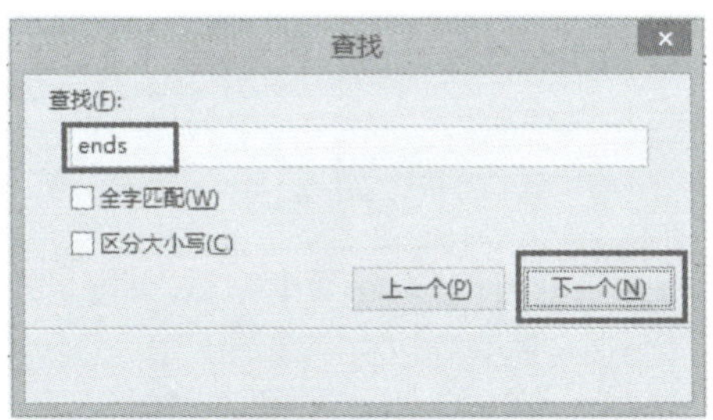


```
                                                                          <div
<button id="J_listBuyerOnView" type="button" data-checkSoldNum="true" class="J_TAjaxTrigger hidden J_TAjaxTriggerButton"
s_start=false&item_type=b&ends=1389060779000&starts=1388455979000&item_id=22219160005&user_tag=303632416&old_quantity=
2971, showBuyerList" >c</button>

xt.mdskip.taobao.com/extension/seller_info.htm?user_num_id=667505074&user_tag=303632416&shop_start=1296359272000">

data-url="" data-aftersaleId="0" data-showAlipayPromise="true"
```

第五步：转化成北京时间。

在这个网址（http://tool.chinaz.com/Tools/unixtime.aspx）中，可以将 UNIX 时间戳转换成北京时间。

Unix时间戳(Unix timestamp) → 北京时间

Unix时间戳(Unix timestamp) 1389060779 转换 北京时间 2014年1月7日 10:12:59

可以看到，这个宝贝的下架时间是 2014 年 1 月 7 日上午 10 点 12 分。因为其人气很高，宝贝在安排下架时就应该尽可能地避开 10:00～11:00 这个时间段。

把查询出来的人气宝贝的下架时间在一个 Excel 表格中统计好，就能找到尽可能避开这些商品的下架时间。

2.3.3 关于下架时间的竞争强度的问题

在淘宝上有一个“高质宝贝数”的概念，简单的理解就是综合质量得分比较高的商品。如果某个时间段的成交量很大，但“高质宝贝数”也很多的话，就不一定能获得比较好的排名（因为竞争激烈），所以这里加入关于下架时间竞争强度的分析。这个可以通过“生 e 经”来实现，比如想看一下“家装主材——阅读台灯（护眼灯/写字灯）”这个类目下下架时间的竞争强度，就在“生 e 经”的行业分析中，找到这个子分类，然后点击“上架时间分布”，将数据下载下来：

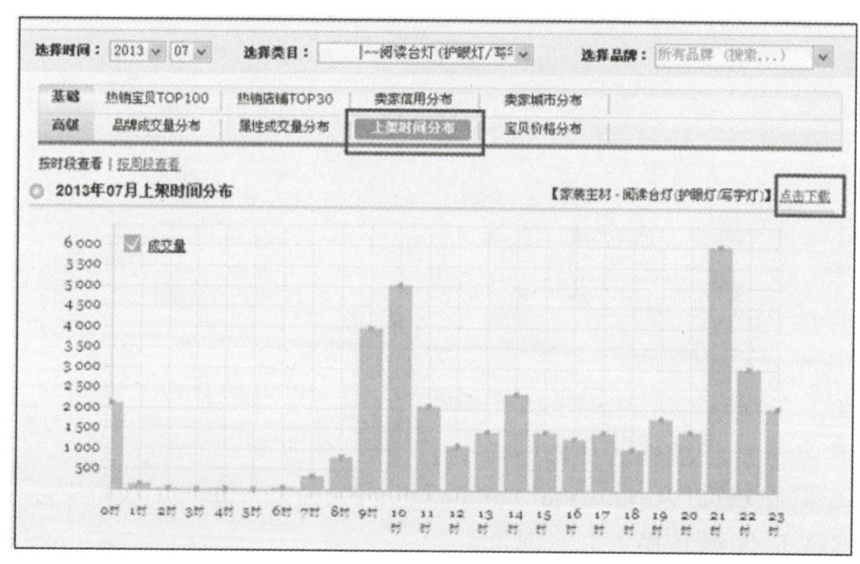

然后，在 Excel 表格中增加“下架竞争强度”这一分析指标（成交量/高质宝贝数，表示每个宝贝可以分到的成交量，这个值越大，表示分到的成交量越大，竞争强度就越低）：

E2 =B2/D2

	A	B	C	D	E
1	上架时段	成交量	销售额	高质宝贝数	下架竞争强度
2	0时	2121	576641	21	101
3	7时	332	24342	7	47
4	9时	3969	813302	125	32
5	21时	6008	501921	190	32
6	10时	5033	435147	176	29
7	19时	1766	197699	76	23
8	6时	42	2805	2	21
9	8时	799	74578	41	19
10	23时	2039	316974	106	19
11	14时	2358	214977	127	19
12	22时	3014	353783	180	17
13	13时	1422	121393	85	17
14	11时	2061	316850	129	16
15	18时	1019	138980	75	14
16	17时	1415	221824	109	13
17	15时	1425	158652	119	12
18	12时	1085	118374	102	11
19	20时	1441	149294	136	11
20	16时	1266	140942	133	10
21	1时	130	5025	14	9
22	4时	12	2172	2	6
23	5时	4	49	1	4
24	2时	20	1750	6	3

从上面的表格可以分析出：夜里 0 点～1 点这个时间段是一个非常优秀的时间段，成交量排名第七，高质宝贝数排名倒数第七。那么这个时间段是不是就应该成为重点关注的时间段呢？很遗憾的是，很少有卖家会关注这个时间段，一般的淘宝卖家即使很敬业，在这个时间也已经下班了。

2.3.4 在一周内合理分布产品的上下架时间

很多卖家朋友因为平时的工作很忙，所以往往会集中在某一天，甚至是某一个时间段安排宝贝上架（这个时间段还经常是在不忙的深夜）。这就导致经常会出现一周中的某一天订单量很大，其他时间没有订单的情况。

因此在安排宝贝上下架时，应该根据一周内每天的成交量分布情况合理地安排产品的上下架，这也可以通过“生 e 经”中的数据进行分配。

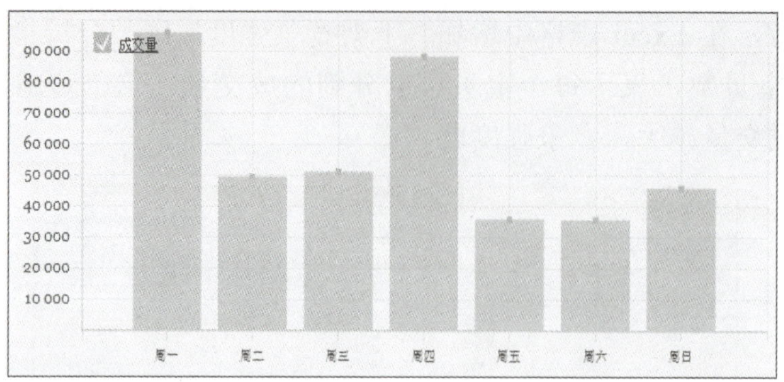

这是“家装主材——阅读台灯（护眼灯/写字灯）”类目一周内产品的成交量分布图，可以分析出：周一和周四应该安排较多的产品下架，而周五和周六应该安排较少的产品下架。如果产品的数量非常多，甚至应该考虑不同的时间段安排产品的下架，这样就可以保证在每一个时间段都有相应比较合理的产品下架，从而获得更好的排名。

2.3.5 淘宝所禁止的跟下架时间有关的三个行为

- ◆ 重复开店：在时间排名机制下，宝贝越多越占优势，这就是很多人会冒险的原因。
- ◆ 重复铺货：这是扰乱市场的表现，不能给买家更好的用户体验（搜索出来的都是同样的产品）。
- ◆ 发布广告商品。

Section 2.4 人气排名规则的详细解读及其应对

淘宝搜索的官方博客中对人气的解释是这样的：顾名思义，人气指的是宝贝的受欢迎程度，受欢迎程度要量化到具体的分值，我们姑且称为人气分。买家在搜索时，宝贝和搜索关键词的相关程度，称为相关性。目前的人气排序主要依据两个方面：相关性、人气分。

在相关性差不多的情况下，人气分就非常重要，即使在综合排序中，人气分也是很重要的因素。影响人气分的因子有几十个，通过一系列的非线性公式进行加权计算，主要的人气因子包括：成交量、跳失率、转化率、回头客。

2.4.1 成交量

成交量在某种程度上直接反映了一个店铺和一个商品的受欢迎程度，销量又分为销售总量和交易笔数，包括 30 天成交量、7 天成交量、成交量的增长状况，这些都会作为参考的因素，也都是人气分计算时需要参考的依据。关于成交量对于人气分的影响，需要关注以下几个核心问题：

（1）活动销量已经不再计入搜索排序

从 2011 年 9 月中旬起，在搜索结果页面和类目宝贝列表页面中的最近成交笔数，去掉了“聚划算”、“天天特价”、“淘金币”、“试用中心”及淘宝官方活动期间的销量，并且该销量不计入搜索排序。

（2）销量排序按购买人数排序

为了更好地营造公平、透明、良性的市场竞争环境，也为了更好地提升买家的购物体验，淘宝搜索结果页面的销量展示从 2012 年 4 月初开始，增加了购买人数展示信息，并且在某一个时间段内重复购买的人数会按照单个购买人数计算。这样做是为了更好地展示宝贝真实交易的情况，也是为了体现公平的原则，也在一定意义上杜绝了部分卖家通过分多笔多次拍来累积笔数的不规范行为，以及通过刷笔数来实现排名靠前的违规行为。展示信息调整后，销量排序根据购买人数而不是购买笔数排序。

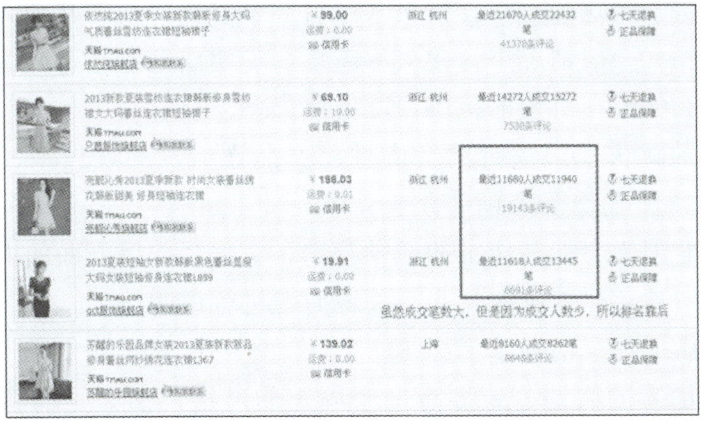

虽然成交笔数大，但是因为成交人数少，所以排名靠后

（3）成交量增长率对搜索排名的影响

相比于销量一直很稳定的宝贝，淘宝的搜索引擎更喜欢每天都在增长的商品。比如，A 商品一周可以成交 700 件，每天都是成交 100 件；B 商品一周成交 200 件，但是第一天的成交量是 10 件、第二天是 20 件、第三天是 30 件、第四天是 40 件、第五天……，每天的销量都在稳步增加，对于这样的商品，在计算人气分时，淘宝会给予更多的权重。这一点也很好理解：既然销量每天都在增加，那就不断地给卖家增加流量。

2.4.2 跳失率

跳失率（Bounce Rate）显示访客通过相应的入口进入后，只访问一个页面就离开的访问次数占该入口总访问次数的比例。通俗来讲就是访客不管通过什么渠道到达目标页面后，没有继续访问该网站的其他页面就离开了，就称为一次跳失。这个指标直接体现了网站的登录页面是否有足够的吸引力让访客深入访问下去，以达到营销的目的。这个数值越小，代表网站可能越受欢迎，访客更愿意访问更多的页面，反之则表示网站的登录页面不好。

淘宝上的跳失率，指的就是通过各种流量入口进入登录页后（绝大多数情况下是宝贝详情页，有时也会是店铺首页等），没有进行其他的任何操作（收藏、购买、点击其他链接）就离开的访问次数，占通过这个入口进入到这个宝贝详情页（或者店铺首页、或者其他）全部访问次数的比例。一般情况下，跳失率越低，说明店铺越吸引人，商品越受欢迎，那么如何在可控的范围内降低跳失率呢？

淘宝的跳失率最关键的有两种：产品详情页的跳失率、店铺首页的跳失率。优化整个店铺的跳失率实际上也是主要从这两个方面来进行，这里面因为会涉及店铺的视觉营销、文案写作等方面的内容，不是本书讨论的重点，这里仅就几个关键问题进行说明。

（1）店铺在风格展现上要统一

一个优秀的店铺一定要有一个固定的风格，比如是清新的、大气的、田园风格的、时尚潮流的……，这里仅从方向上进行交流。对于一个店铺是否美观的评价，顾客的着眼点基本上是色彩、图片、文字三个方面，因此，在风格的统一上也应该从这三个方面着手。

第一：色彩要与店铺风格一致。

关于色彩营销是一个很值得探讨的话题，这方面的高手也很多，梁景红老师在色彩营销方面建树很高，出版过好几本相关的专业书籍，像《写给大家看的色彩书》系列，非常值得一看。设计中，喜庆、好运的店铺风格，主色调可以选择红色；活泼、明朗的风格，可以选择橙色；象征和平、新鲜与生命的店铺可以选择绿色；浪漫神秘、贵族气质风格的店铺可以选择紫色。为了使店铺更好看，肯定还要使用一些辅助的颜色。

第二：图片要能够诠释品牌的理念。

店铺中一些比较重要的图片应该能够诠释品牌的理念，如 LOGO，或者店铺口号的图形化，应该在宝贝的详情页中，适当重复呈现，这样可以给人一种统一性和连续性，也可以加深品牌的印象。比如小熊的官方旗舰店，那只可爱的小熊随时随地会出现在用户面前，使其品牌形象深入人心。

第三：字体也要能够营造独特的印象。

这包括字体的类型和字体的对比。比如形式单一、清秀流畅的字体适合展现女性的广告；坚固挺拔、结构规整的字体适合展现男士产品的广告。字体的对比主要体现在大小、结构、形状、方向、颜色等方面。还是以小熊电器为例，因为其产品的主要对象是追求生活品质的年轻人，所以在其字体设计中体现了很多的卡通风格。

（2）有逻辑性的页面排版

对于店铺的装修来讲，页面的排版问题也很关键。

第一：布局必须要逻辑清晰。

通常店铺首页的逻辑布局由上而下依次是：品牌、店名及口号；导航、搜索框、热搜关键词、收藏按钮，等等；一屏 banner；促销 banner 或者促销产品陈列及分类；商品分类陈列。如果首页的跳失率很高，除了首页比较难看以外，问题还会出现在第一、二屏上。导航栏设置一定要合理、清晰，要按照顾客的关注点进行分类，比如商品的品类、商品的功效、消费能力、行为倾向等是比较合适的，最好是在店铺首页的左边栏放置简单快捷的分类，便于买家非常直观地了解店铺的商品类型。

第二：不能忽视细节排版。

排版时要关注很多的细节处理，比如说对齐、字体、字号、留白，等等。

（3）商品详情页的设计

线上销售与线下销售一个很大的区别在于商品描述，因为是在虚拟的环境下进行，所以商品描述就像是一次与顾客进行的无声交流：必须要通过文字、图片等首先吸引消费者的注意；然后引起对方的好奇心；最后通过专业、清晰的讲解获取信任，营造轻松的购物氛围，而这一切的目的都是为了最后的成交。

第一：附和消费者心理的逻辑过程。

商品详情页设计的第一关键要素就是一定要附和消费者心理的逻辑思维过程：兴趣的激起→展示商品的独特性→解释为什么不同→这个商品应该怎么用（怎么玩）→商品的特点→购买的理由→永久价值→售后服务→下订单。

第二：风格要一致。

详情页的设计要附和店铺总体风格及商品特性。

第三：该页面的商品最好有一定的基础。

这个基础包括销量和评价，所有人的购买都是有这样一种心理：希望自己的购买决策能够得到别人的支持。而销量和好评就是最好的支持。对于普通的店铺来讲，无销量、无评价的商品一般情况下跳失率都是最高的，至少应该有一个销量、一个评价。如果确实想把商品卖出去，在必要时，可以通过一定的销售技巧实现销量破冰。

第四：要合理地做好关联销售。

关联销售的位置一般会放在商品详情页的顶部或者信息展示结束后的底部。顶部的关联销售可以放置不同款、不同价的商品，底部应该放置同类商品或者可搭配的商品。原因在于，放在顶部，如果买家不喜欢这款商品，可以快速看到其他类型的商品，将顾客导入其他商品页面，而不是流失跳出；放在底部，一般买家读到页面的最后，说明对这个商品很感兴趣，推荐同款或者搭配商品可以提高成交量和客单价。

同时，还要注意关联商品的数量以及新品上架时的关联销售问题。很多卖家为了降低跳失率，不管三七二十一，所有的商品详情页中，都在描述一开始就放置了大量的关联商品（有的甚至都不关联），这样做是影响买家购物体验的，操作时必须要注意。

2.4.3 转化率

转化率简单的理解指的就是购买产品的顾客跟总顾客的比值，也就是说，如果有100个买家看了你的宝贝后，有多少个人最终购买。淘宝可以跟踪到不同流量的来源，转化率也是按照不同的来源进行计算的，也会分不同的类目来计算权重，所有的宝贝都会按照宝贝所在的行业内进行比较。

我们从淘宝搜索排名规则三个基点之一的平台利益出发，淘宝希望每一个流量都能到充分的利用，而最充分的利用当然是流量转化为订单。也就是说，理论上来讲，转化率越高，证明这个产品越被消费者所接受。在相同的类目内，当淘宝的搜索引擎看到卖家的转化率较高时，就会分配给卖家较多的流量。

在这里，还有一个关键问题是需要注意的：目前在搜索排序中，只有搜索来的流量才会被计入权重中，直通车的转化率、活动的转化率等都不计算在内。但如果直通车的转化率和活动的转化率太低，是会影响搜索权重的。如果卖家做了直通车推广，或者参加了活动，一定要注意优化，提高转化率。

同时，还有一些卖家朋友（尤其是一些小卖家和新手卖家），因为站内流量很少，所以就将自己的宝贝链接在互联网上满世界乱发：QQ群、论坛、贴吧、微博，等等，认为这样可以给自己的店铺带来更多的机会。但实际情况是，这样带来的结果是流量转化率极低、而跳失率却很高，严重影响宝贝的搜索权重。

2.4.4 回头客

回头客指的是在某店铺重复购买的客户。回头客的比例越高，越能反映卖家的宝贝质量好，店铺的服务好，同时也说明该店铺的转化能力较强。回头客比例高了，搜索会分给更多的流量，这样会导致回头客的比例降低，然后再转化提升，形成正循环。提高店铺回头客的比例，关键是要在店铺服务上多下工夫，真正地为用户着想。

2.4.5 其他

包括收藏量、支付宝使用率、消保、发货速度评分、服务态度评分、好评率、卖家信用、宝贝的浏览量、页面停留时间、旺旺响应速度，等等，都会在一定程度上影响人气分，这些也都是提高用户体验的部分。这里有几个特殊问题需要说明：

（1）能作弊的人气因子的权重几乎可以忽略不计

作为淘宝卖家肯定都收到或者接触到过这样的广告信息：刷流量、刷收藏，10 元=10000 收藏。虽然收藏量从一定的侧面反映了宝贝的受欢迎程度，但是 10 元钱就可以轻易得到 10000 收藏，可见其价值是不会多高的，对搜索的影响几乎可以忽略不计，对宝贝浏览量的影响更是如此。因此，还在继续希望通过刷流量、刷收藏量提高搜索权重的卖家需要提高警惕了。

（2）好评率不再作为参与活动的门槛，且在搜索中的权重降低

淘宝前期，好评率在淘宝的搜索结果排序中权重是比较高的，但从 2012 年 6 月起，淘宝宝贝搜索以及店铺搜索中，好评率的作用几乎为零。包括天天特价、试用中心、新品预售、类目营销活动等也取消了好评率作为招商门槛的规定。这样做大大降低了恶意买家对卖家的影响，同时也打击了职业差评师这一畸形职业。

（3）浏览页面时的停留时间也会影响人气分

同样是跳失，用户在着陆页面的停留时间也会在一定程度上影响搜索排序。停留的时间长，证明这个页面的布局和设置是吸引消费者的，虽然跳失了，也只能说这件宝贝不适合这个用户（或者价格、或者大小，等等），但至少在页面的布局上、商品的描述上是能吸引该用户的。对于这样的宝贝，淘宝会认为比那些停留很短时间就离开了详情页面的宝贝要更有优势，也会在流量分配时有所倾斜。

这里还要注意一个问题，打开一个宝贝页面以后，觉得这个商品不合适，也许并没有关闭，就直接点开了另外一个宝贝去浏览。等看完

另外的宝贝，过了快半个小时了，才将开始的那个页面关闭，那是不是说用户在这个宝贝页面的停留时间是半个小时，从而要有较高的权重呢？淘宝也意识到了这个问题，因此在打开一个宝贝的详情页后，如果不往下拉动，下面的描述详情是不会通过浏览器解析出来的，只有在往下拉动整个页面时，后面的内容才会逐步展示。很明显，淘宝给予比较高的权重，给的是那些用户将整个页面浏览完毕并且停留时间较长的宝贝。

（4）分享在未来可能作为重要人气因子的探讨

分享效果和分享人气在未来的搜索结果中的权重有可能会加大，因为分享的越多，说明宝贝的人气越高，受欢迎程度越高，尤其是购买后的分享，代表一种购后行为，是消费者购买行为过程的延续，会越来越受到淘宝搜索的重视。当然，分享的效果也会很重要：分享后，有人通过分享链接实现购买，淘宝对这样的商品一定是情有独钟的。

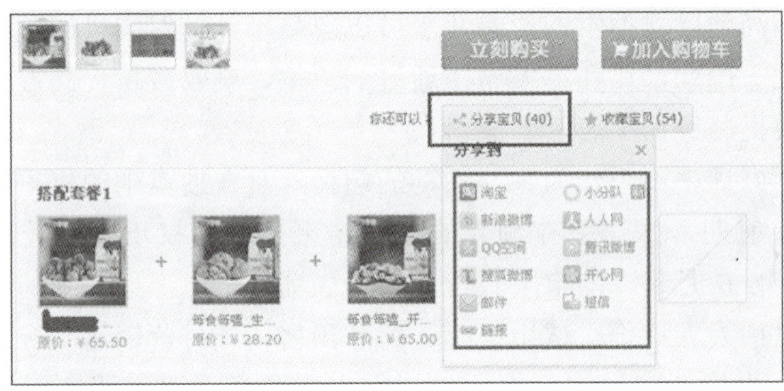

每个商品详情页“立刻购买”按钮下的“分享宝贝”按钮

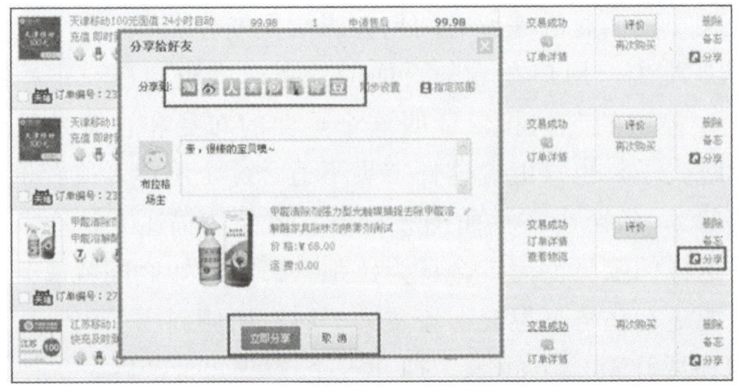

购买后宝贝可以进行分享

2.4.6 关于宝贝人气中的受欢迎程度和被认可程度

受欢迎程度表达的是喜欢，比如收藏、浏览的时间比较长、浏览的次数多，等等，而被认可程度表达的是实实在在的投票（这个投票是用钱包投票的），也就是说这两者之间是口头表示和实际行动的区别。就像你想表达对一个姑娘的爱慕之情，直接带上999朵玫瑰花给她送到楼下所带来的效果要远远大于不断地发短信说“我爱你”。

在淘宝的这些人气因子中，具体哪些因子的权重是多少，卖家是不可能知道的（就跟百度要把自己的搜索算法当成商业机密是一样的）。但我们可以明确知道，反应被认可度的人气因子，权重一定会高于反应受欢迎程度的人气指标。比如，相比于成交量、转化率等因素，收藏量几乎是可以忽略不计的。购买后的分享所带来的搜索权重也一定会远高于直接在宝贝详情页面的分享。

针对淘宝在人气搜索方面的相关规则，卖家的淘宝 SEO 策略应该注意以下几点：

- ◆ 努力提升产品质量和服务品质才是王道，包括回购率、转化率等人气因子都跟产品质量和服务品质密切相关。
- ◆ 店铺的装修和详情描述页的质量在提高转化率和成交量方面的作用显著。
- ◆ 客户关系管理在未来的店铺经营中越来越重要。
- ◆ 注意积累，坚决不能作弊。

Section 2.5 卖家服务如何影响淘宝搜索

从长远来看，卖家的服务质量将会是淘宝搜索排序当中最重要的因素。淘宝搜索引擎最终极的目标是买家满意，对平台的满意以及对卖家的满意，而这种满意度的提高要更多地依赖于卖家高性价比的产品和优质的服务。

为了更好地服务于买家，提供更好的购物体验，淘宝官方提供了多种保障买方利益的卖家服务，卖家加入后相当于给用户提供了一层延伸产品，拓展了附加价值。虽然淘宝官方没有明确地规定这些服务是否全部在搜索排序中会占有一定的权重，以及权重到底有多高，但可以确定的是，这些有益于买家用户体验的服务产品，随着搜索引擎的日趋完善，一定会在未来的搜索排序中扮演着越来越重要的角色。

对于这一部分，淘宝卖家最好的 SEO 对策就是在允许的范围内尽可能多地启动各种卖家服务，为自己在未来的搜索竞争中增加筹码，开通的方法非常简单，进入“卖家中心”后，在左侧的导航栏下方有一个“消费者保障服务”分类，可以根据自己的实际情况开通服务。

签署《消费者保障服务协议》，并交纳 1000 元的保证金，这是不用犹豫的，只要想开淘宝店，就必须遵守这个程序。

淘宝的消费者保障服务是指经用户申请，由淘宝在确认接受其申请后，针对其通过淘宝网这一电子商务平台同其买家达成交易并经支付宝服务出售的商品，根据协议及淘宝网其他公示规则的规定，卖家按其选择参加的消费者保障服务项目，向买家提供相应的售后服务。这些服务项目包括：

（1）假一赔三

加入此服务的卖家需承诺：出售的宝贝均为真品，若买家收到的宝贝认定为假货，卖家需三倍赔偿。加入“假一赔三”服务的卖家，在被审核通过的类目商品上会加上“假一赔三”的服务标示。这项服务实际上在很大程度上给买家吃了一颗定心凡，对于提高成交量等方面都非常有好处。淘宝不承诺每位符和条件的申请者都能审核通过，申请的卖家需要同时符和下面的条件，同时需要交纳 3000 元的保证金：

- ◆ 已依据《消费者保障服务协议》之约定成功缴纳基础保证金 1000 元以上（含 1000 元）人民币，且不存在基础保证金需翻倍增加之情形。
- ◆ 申请加入服务前一个自然月内因未履行消费者保障服务承诺被投诉笔数应小于 5 笔。

◆ 申请加入服务前一个自然月内纠纷退款率低于同行业平均值（行业平均值将通过淘宝社区论坛或其他途径公布）。

◆ 卖家店铺中虚拟商品交易信用比例应低于5%。

◆ 申请加入服务时没有因发布违法、违规商品或信息而被淘宝处罚的记录。

◆ 申请时间符合以下要求（选择适用）：距离最近一次收到“系统审核不通过”通知已满7日；距离最近一次收到“人工审核不通过”通知，或主动退出假一赔三服务，或因收到保证金催缴单而未在14日内足额缴纳导致退出假一赔三服务已满30日；距离最近一次被强制清退假一赔三服务已满90日。

◆ 其他淘宝认为需满足的条件。

（2）第三方质检

第三方质检服务作为卖家向买家提供的一项消费者保障特色服务，卖家需在售前提供第三方质检报告证明其商品质量达到淘宝网商品质量标准，售中同意淘宝网进行商品抽检，售后允许淘宝引入第三方质量检测机构质检报告作为裁决卖家和买家纠纷的重要依据。卖家承诺其通过淘宝网店铺销售的商品符合淘宝网商品质量标准，如依照协议约定可判断卖家商品不符合相关质量标准，则卖家同意按照“退一赔一”的原则进行赔付和承担相关检测、物流等合理费用。

保障范围：

只有购买支持“第三方质检服务”的商品才可享受到该服务保障。“第三方质检服务”或类似文案之标示暂时仅适用于以下类目商品（淘宝将不时公示新增或减少支持本项服务的类目商品）：

◆ 床上用品/靠垫/毛巾/布艺。

◆ 女鞋。

◆ 女装/女士精品。

◆ 箱包皮具/热销女包/男包。

◆ 童装/童鞋/亲子装。

◆ 家装主材、五金/工具。

◆ 男装。

◆ 玩具/模型/动漫/早教/益智。

（3）7 天无理由退换货服务

指卖家在承诺消费者保障服务的基础上，自愿选择向买家提供的特色服务之一。具体为，当买家使用支付宝服务购买卖家出售的支持“7 天无理由退换货”服务的商品，在签收货物后 7 天内，如因买家主观原因不愿完成本次交易，卖家同意按照协议之约定向买家提供退换货服务。如买家与卖家就退换货事宜协商未果，买家在淘宝指定期间内发起针对卖家的维权，并申请“7 天无理由退换货”赔付时，如淘宝判定买家赔付申请成立，卖家同意按照本协议约定的赔偿金额对买家进行相应的赔付。启动该服务的会在商品搜索页面展示“7 天退换”的服务标识。

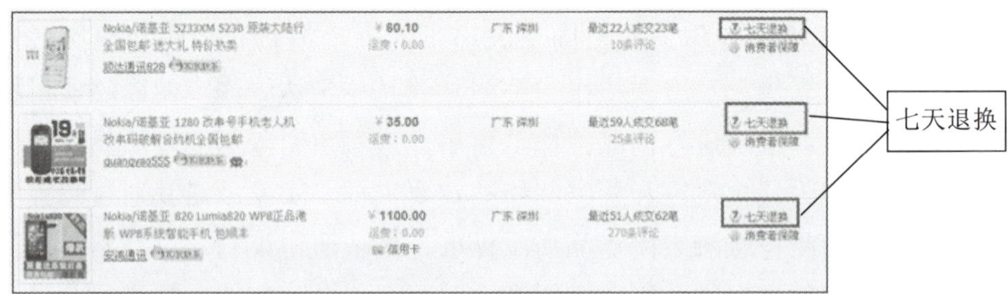

卖方需要符合下列条件，才可以申请 7 天无理由退换货服务，淘宝官方不承诺所有符合条件的申请者都能通过：

◆ 已依据《消费者保障服务协议》之约定成功缴纳保证金 1000 元以上（含 1000 元）人民币，且不存在《消费者保障服务协议》约定之基础保证金需翻倍增加之情形。

◆ 前一个自然月内因未履行消费者保障服务承诺被投诉笔数小于 5 笔。

◆ 前一个自然月内超时退款率低于当月在淘宝社区论坛公布的同行业平均值。

◆ 店铺虚拟商品交易信用比例低于 5%。

◆ 无发布违法、违规商品或信息的处罚记录。

◆ 申请时间符合以下要求（选择适用）：距离最近一次收到“系统审核不通过”通知已满 7 日；距离最近一次收到“人工审核不通过”通知，或主动退出 7 天无理由退换货服务已满 30 日；距离最近一次被强制清退 7 天无理由退换货服务已满 90 日。

◆ 其他淘宝认为需满足的条件。

（4）虚拟闪电发货

虚拟闪电发货服务是指卖家在承诺消费者保障服务的基础上，在购买虚拟类目商品时，卖家承诺向买家提供在相应承诺时间内发送商品的服务。具体为，买家在淘宝网使用支付宝担保交易服务购买卖家同意提供“虚拟闪电发货”服务的部分商品类目下的虚拟商品，卖家若未履行承诺，买家可以根据本页面及淘宝规则规定向淘宝网发起赔付申请，淘宝将进行先行赔付以保障买家权益。

（5）数码与家电 30 天维修服务

数码与家电 30 天维修服务是指卖家在承诺消费者保障服务的基础上，自愿选择向买家提供的特色服务之一。具体为，买家在淘宝网使用支付宝担保交易服务购买卖家同意提供“数码与家电 30 天维修服务”的部分商品类目下的商品，卖家若未履行在交易成功后 30 天内无条件提供免费维修服务的承诺，买家可根据本页面及淘宝规则规定向淘宝网发起赔付申请，淘宝将进行先行赔付以保障买家权益。

保障范围：

只有购买支持“数码与家电 30 天维修服务”的商品才可享受到该服务保障。“数码与家电 30 天维修服务”或类似文案之标示暂时仅适用于以下类目商品（淘宝网将不时公示新增或减少支持本项服务的商品类目）：

◆ 计算机硬件/台式整机/网络设备。

◆ 办公用品。

◆ 手机。

◆ 家用电器/hifi 音响/耳机。

◆ 笔记本电脑。

◆ 个人护理/保健/按摩器材。

◆ MP3/MP4/iPod/录音笔。

◆ 电玩。

◆ 数码配件/电子元件市场。

◆ 全汽车/配件/改装/摩托/自行车>GPS。

◆ 数码相机/摄像机/图形冲印。

◆ 汽车电子电器、车载 MP3/视听。

（6）退货运费险

加入此服务的卖家当发生退货时，产生的退货运费由保险公司来承担。

（7）破损补寄承诺服务

破损补寄承诺是交易约定服务中的一种类型，指卖家根据自身服务能力自主承诺的一项店铺服务。如买家购买的商品在运输途中出现破损的，卖家需在自己承诺的补寄次数内进行补寄；若在承诺的补寄次数内买家依旧无法获得完好的商品，卖家需提供退货退款服务。

申请流程如下：

第一步：符合条件的卖家可进入“卖家中心”通过“消费者保障服务”—“交易约定”管理模块进行设置。

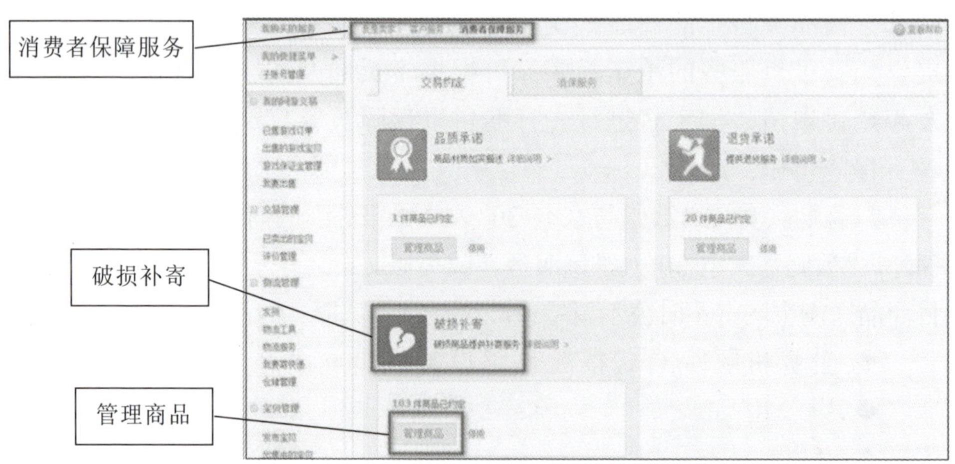

第二步：通过搜索区域功能包括类目、店铺分类、状态、商品关键字进行商品筛选。

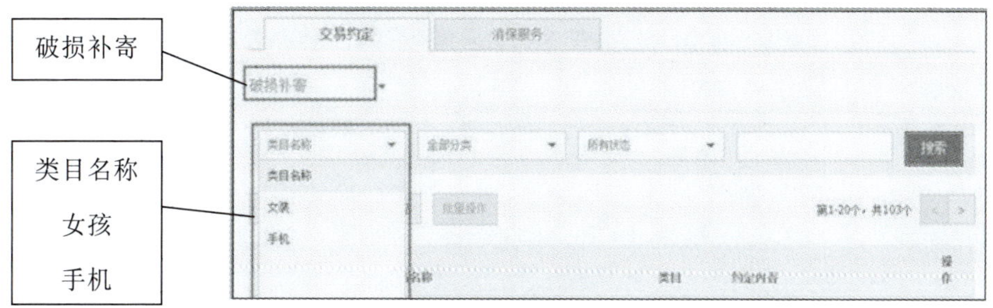

第三步：选择商品进入“设置”页面。

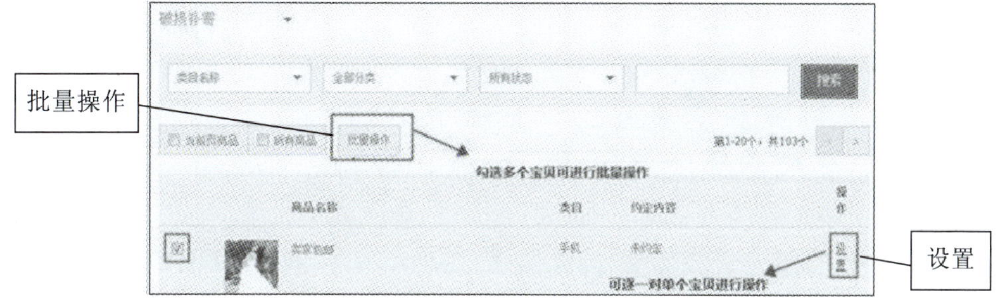

第四步：点击“自定义内容”后根据约定内容设置。

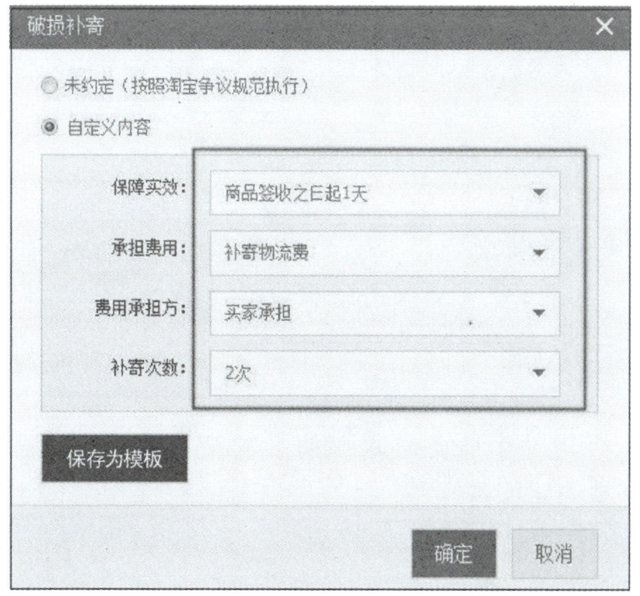

第五步：历史设置记录可保存为模板直接配置。

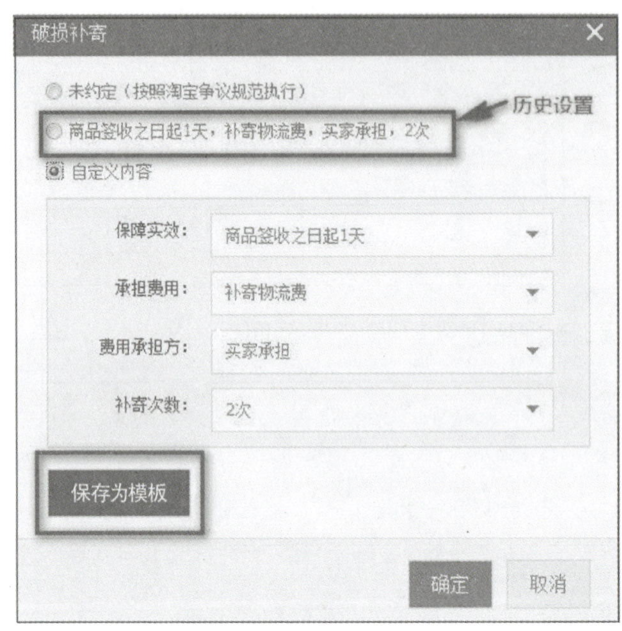

第六步：设置完成后的前端页面展示效果：

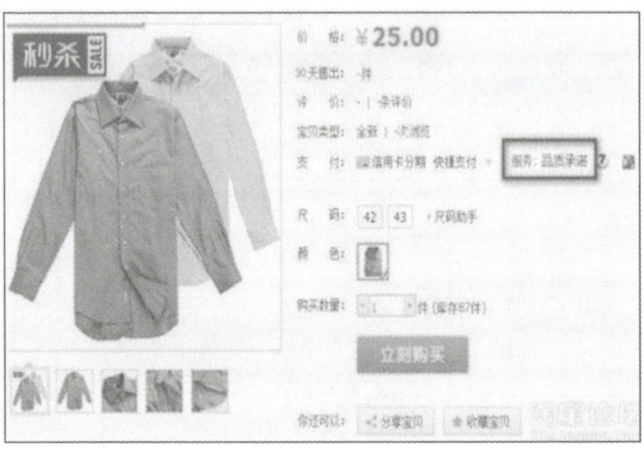

第七步：点击某个服务进入该商品的交易约定详情，该页面展示商品所有的交易约定服务。

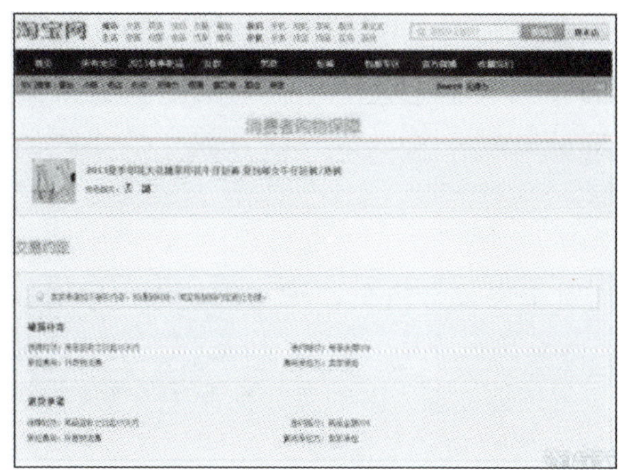

（8）其他

此外，包括加入金牌卖家、细节特写等服务也都应该关注。

Section

2.6 其他影响搜索排序的规则

除了前面讲到的因素外，还有一些因素也会影响淘宝的搜索排名，并且值得引起各位卖家朋友的关注，这些因素主要包括：

2.6.1 宝贝详情页的质量影响搜索排序

也许很多人会认为，宝贝详情页上面绝大多数都是图片，淘宝的搜索引擎怎么来判断详情页的质量呢？从技术上讲，这确实还需要一段时间，但是一个优秀的详情页比一个不能带来良好阅读体验的详情页能有更多的权重，在道理上是讲得通的。

（1）基本概述

绝大部分用户在点开宝贝详情页时，更愿意直接看到商品的详细介绍，更希望能够看到想看的信息，而这些想看的信息很大程度上不是推荐的关联商品。因此，为了增加用户对宝贝详情页的阅读体验，淘宝规定，在宝贝的描述页面，详细地描述介绍区域之前，原则上是可以适当地添加一个关键的跟此商品相关性比较大的商品，如果添加过多的相关甚至无关的宝贝，淘宝就会根据情况给予一定的搜索降权或屏蔽处理。关联宝贝如果放在描述区之后的版块，则不会有任何影响。

（2）详细规则

具体来说，对于宝贝详情页，淘宝的搜索引擎对以下行为是不赞同的：

- ◆ 在详情页描述前放置太多的关联推荐（一般不超过8个为好）。
- ◆ 虚假的团购信息和秒杀信息。
- ◆ 非官方的搭配套餐。
- ◆ 太多的买家心声秀、好评秀。
- ◆ 赠品、订购、专卖、换购的链接。
- ◆ 店内广告。
- ◆ 分享、收藏、成交链接。

（3）修改意见

- ◆ 建议删除过多的关联宝贝推荐信息，如果一定要放，尤其是在新品刚上架的前两周，请放置在详情页的后面。
- ◆ 建议详情页宝贝相关信息详细清晰、图文结合，易于买家购买，买家关注重要信息前置，次要信息后置。
- ◆ 建议只放与本宝贝切实相关并且是买家需要的宝贝关联信息，并且尽可能地少放。

2.6.2 宝贝主图的质量会影响搜索排序

用户在搜索后，会根据宝贝的主图和宝贝标题决定是否点击，从而对于店铺而言形成一个流量。宝贝主图是真实、直观地反应宝贝的重要工具。但现在打开淘宝，会发现有很多宝贝主图存在严重的“牛皮癣”现象。这样做的结果首先是不美观，带给绝大多数买家最直观的感受是很不舒服；二是过多的文字图片掩盖了宝贝真实的面貌，不能很好地辨认出商品的细节，不利于淘宝公平、诚信地交易。

在原则上，主图是可以有商品的 LOGO 存在的，也可以添加最多一个的促销水印标签等文字或者图片形式的广告。但是这些文字和图片的大小不能超过主图面积的 1/10，并且不能覆盖主图上的商品。淘宝的搜索引擎会根据实际情况，对于部分“牛皮癣”化严重的商品给予一定程度的降权或者屏蔽处理。为了更好地提升买家的搜索购物体验，搜索引擎将会对搜索结果页质量较差的主图进行流量限制。

（1）淘宝的搜索引擎为什么要有这样的规定

在搜索结果页上，那些“牛皮癣”似的主图会严重影响买家的购物体验，许多买家向淘宝反馈，主图上过多的信息严重影响了宝贝辨认以及对比筛选，从而影响购物成交。为了提高整个淘宝搜索的买家购物体验，同时也为了提升卖家的购物成交，推出了此项规定。

（2）具体规则

目前，搜索结果页图片质量较差的宝贝，其排序将会受到一定的影响。淘宝会首先对图片牛皮癣程度高的宝贝进行处理。当前，并没有在所有的类目开展，男鞋、女鞋、男装、女装、化妆品等类目已经开始实施。所谓的“牛皮癣”化宝贝主图的类别主要有：

第一：多个文字区域，大面积铺盖干扰正常查看宝贝。

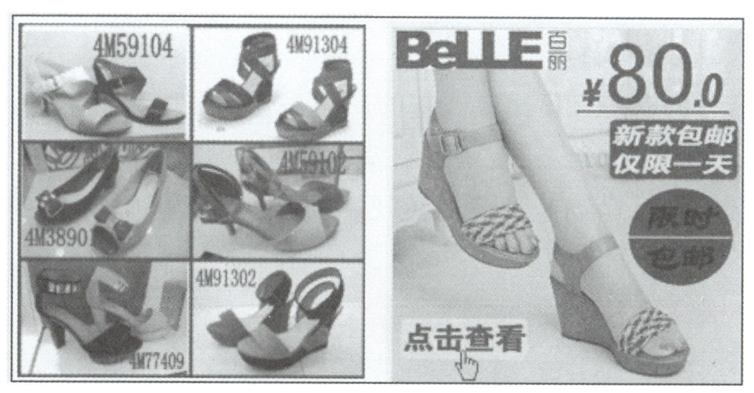

第二：文字区域在图片周边虽没有大面积铺盖，但颜色过于醒目且面积过大，吸引眼球。

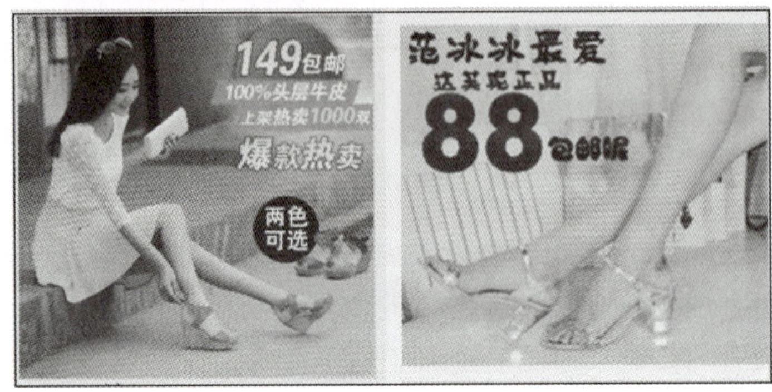

第三：文字区域在图片中央，透明度低、面积大且颜色鲜艳，妨碍正常观看。

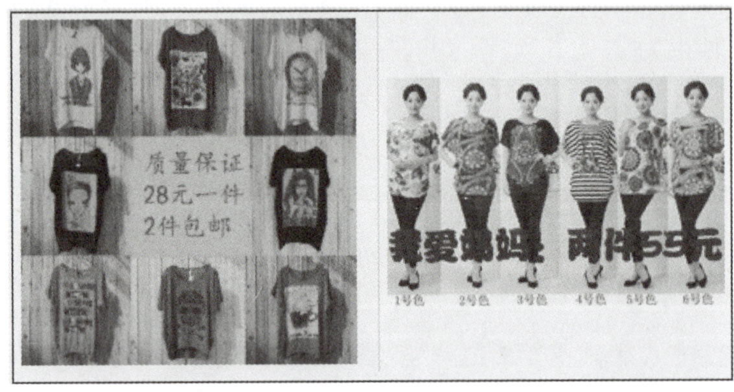

（3）应该如何修改

对于“牛皮癣”化比较严重的产品，建议及时修改信息，去除多余的信息，具体可以参考以下搜索结果页面主图情况的正常的图片：

第一：图片包含文字，为品牌 LOGO 或者店铺名称等描述性文字，面积较小，不太明显。

第二：图片包含描述性文字，但位于图片边角，同时面积较小。

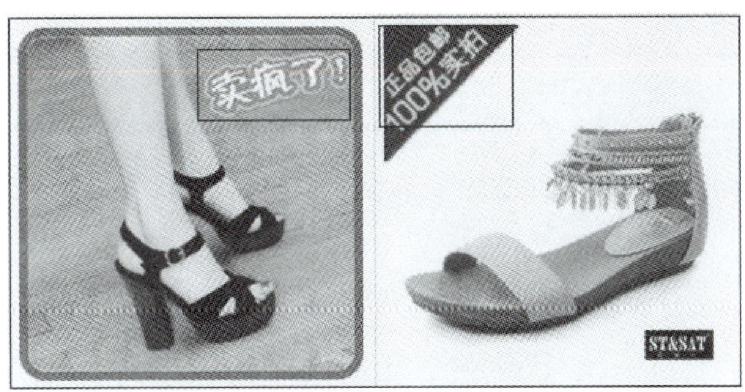

第三：图片上无肉眼可见的文字区域。

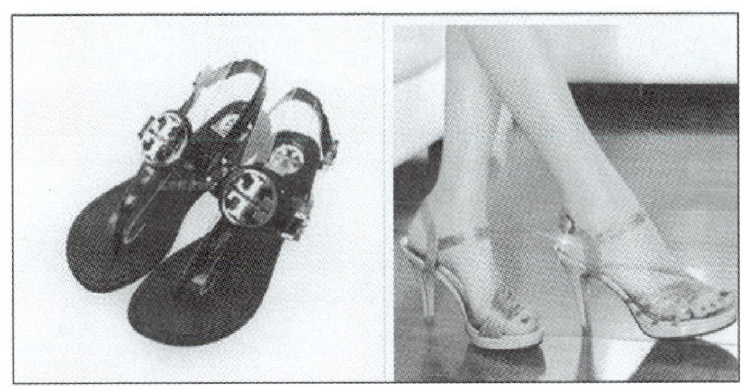

2.6.3 滞销商品对搜索排序的影响

所谓的滞销商品，就是商品从第一次上架起，90 天之内没有销量的宝贝。这一类宝贝是不被列入搜索库的，买家不能直接通过搜索找到此件宝贝，只能通过店铺搜索或者链接方式找到。

如果希望让滞销宝贝能正常地进入搜索，目前的方式就是重新手动修改标题、价格等，然后重新发布即可。但是滞销商品只有在上架状态时重新编辑发布才可以，如果下架之后再重新编辑，则是无效的，依然搜索不到。修改后如果三个月内仍没有销量，还会变成滞销商品。

另外，要注意滞销宝贝只会导致该商品不被搜索到，但并不影响店铺和店铺理里其他商品，也不会因此而降权。

2.6.4 店铺主营对搜索排名的特殊影响

这个也是淘宝小而美趋势的体现，专注于某一个一级类目（甚至是二级、三级类目）的店铺将会在未来的搜索排名中占据越来越多的权重。这里主要关注两点：

（1）信用中有虚拟信用的搜索权重会低于100%实物交易

相信很多准备做淘宝或者刚开始做淘宝的人都接到过一种广告：销售手机充值卡、游戏点卡等虚拟产品，快速提升信用。先暂且不管这能否快速提高信用（事实证明，除了不断让自己的朋友充值、买点卡以外，这种所谓的快速提升信用的方法更像是一个笑话），即使真的提高了信用，后果是什么呢？准备开卖实物时，该实物宝贝的搜索权重会远远低于100%实物交易的店铺。具体的指标没有，但是一般当虚拟占比5%以上时，对搜索权重就会有影响，随便点开一个宝贝，就可以看到它的实物交易比重，只要把鼠标指针置于代表信用值的地方即可：

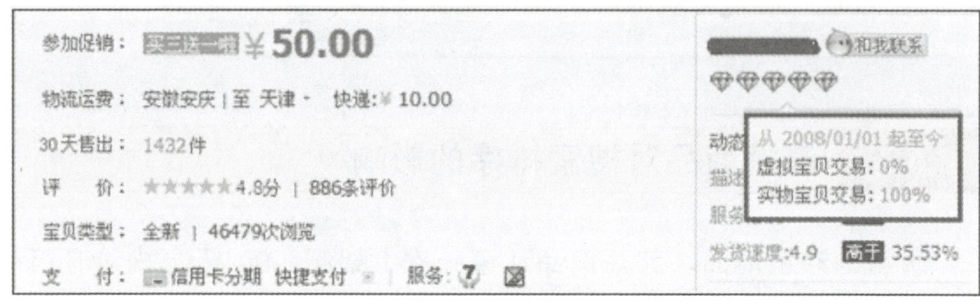

（2）店铺主营率越高，搜索排名的权重就越高

淘宝前期，信用在搜索排序中的作用是按照总信用计算的。但为了进行科学地计算，店铺信用对排序的影响变成了在单一的信用维度方面有影响。也就是说如果店铺经营不同类目的商品，计算信用对搜索排序的影响时，只计算所搜索的商品所在类目的信用值。

比如，买家搜索一件连衣裙，如果卖家的店铺既经营数码产品，又经营女装，数码产品的信用是 999，女装是 1，以前的计算是按照1000 进行计算，而现在只按照 1 进行计算。

作为卖家，应该合理地调整结构，让自己店铺经营的类目能够集中起来。我们可以通过点击店铺的信用评价区域查看店铺主营，主营率越高，搜索排名的权重就越高。

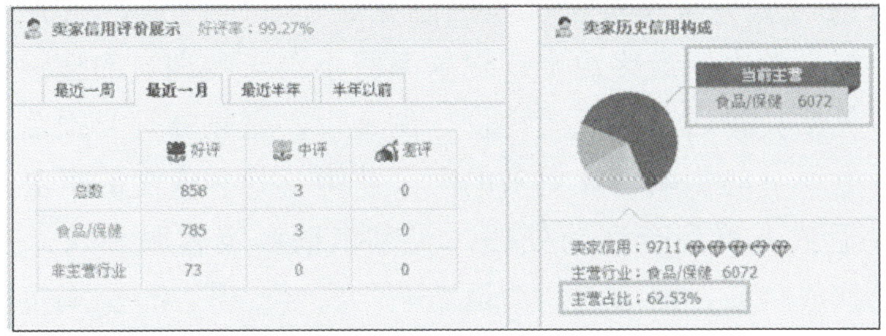

2.6.5 @旺旺名可直达店铺首页的功能

在淘宝首页的搜索框中搜索“@旺旺”名，可直达店铺首页：

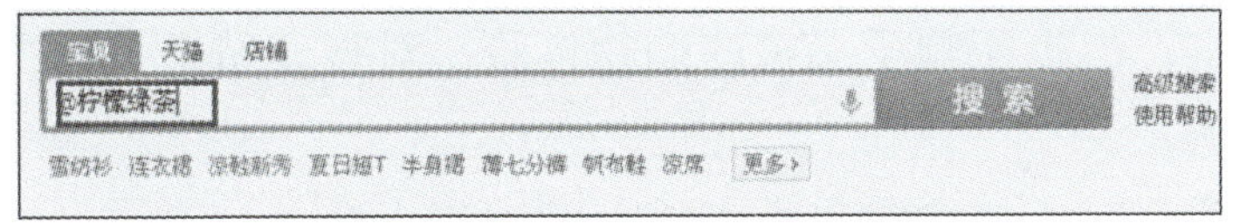

那么，这个有什么用呢，可以简单地挖掘一下：

以前的旺旺，基本除了沟通以外没有其他作用，所以很多时候，旺旺起一个什么样的名字是没有什么影响的。但现在不一样了，如果有一个好的旺旺昵称，跟有一个好的域名一样，对于店铺的搜索有很大的帮助。同时，这也给店铺首页的设计提出了更高的要求。

另外，包装盒、小卡片……，任何可以做广告的地方，只要有一个好记的旺旺名，都是很不错的无形资产。

2.6.6 关于淘宝搜索规则中的一些特殊说明

（1）好评率不再影响搜索结果

淘宝前期，好评率在淘宝的搜索结果排序中权重是比较高的，但现在，淘宝宝贝搜索以及店铺搜索中，好评率的作用几乎为零。并且包括天天特价、试用中心、新品预售、类目营销活动等也取消了好评率作为招商门槛的规定。

（2）退款率不再影响搜索结果

淘宝根据从买家和卖家征集的意见、产品的特点、业务发展状况等多方面综合考虑，最终决定：退款率将不再影响淘宝的搜索排序和营销活动（包括类目活动、天天特价、淘金币，聚划算等）报名，取消退款率在以上环节的影响，让更多的卖家获得营销和成交的机会。

如果退款未得到合理的处理，买家申请淘宝客服介入，淘宝客服介入且退款成功后，网店“纠纷退款率”将会上升，根据淘宝的规则，这将会影响搜索排序和营销活动报名。所以退款率解绑后，卖家朋友在消除担心的同时，一定要不断提高自己店铺的服务质量，只有服务质量和商品过硬，才是搜索的根本。

（3）搜索结果页主图将只支持静态图片

首先，这样做的好处是显而易见的，可以吸引买家的注意，吸引更多的点击。但也影响了买家的购物体验，对搜索结果页的质量造成了一定的影响。

附：所有可能影响宝贝搜索排名的因素大全

1. 相关性指标

◆ 关键词相关。

◆ 类目相关。

◆ 属性相关。

◆ 首图相关。

◆ 详情页相关。

2. 人气质量分

◆ 成交量（30 天成交量、7 天成交量、成交量增长率）。

◆ 收藏量。

◆ 店铺信誉。

◆ 浏览量。

◆ 支付宝使用率。

- ◆ 整店转化率。
- ◆ 搜索成交转化率。
- ◆ 主图在搜索排序中的点击率。
- ◆ 主图是否符合淘宝规则。
- ◆ 回购率。
- ◆ 搜索浏览量。
- ◆ 搜索访客数（搜索在全部流量中的比重）。

3. 下架时间

4. 产品质量分

- ◆ 橱窗推荐。
- ◆ 商品价格（是否符合市场，虚高或者虚低的价格都会被搜索屏蔽掉）。
- ◆ 详情页关键词标签。
- ◆ 评价中是否包含与产品标题相关的关键词（新规则）。
- ◆ 宝贝投诉率。

5. 店铺质量分

- ◆ 整店客单价。
- ◆ 页面质量分（也就是页面的用户体验：访问深度、店铺内停留时间、首页停留时间、回头率、跳失率、链接点击率、页面体积优化）。
- ◆ 近一个月的好评率。
- ◆ 无作弊。
- ◆ 违规扣分程度。
- ◆ 整店的正常流程退款率（影响几乎变为零）。
- ◆ 纠纷退款率（重要影响因素）。
- ◆ 整店投诉率。
- ◆ DSR 评分。

6. 卖家服务

- ◆ 消费者保障相关服务（加入消保、7 天无理由退换货、假一赔

三、24 小时发货、货到付款、金牌卖家、退货运费险、30 天维修、第三方质检、细节特写、虚拟产品闪电发货）。

◆ 信用卡服务。
◆ 合作快递。
◆ 旺旺在线时间。
◆ 旺旺回复的响应速度。
◆ 发货速度指数。
◆ 店铺服务态度指数。
◆ 是否淘宝实名认证。
◆ 橱窗推荐。

7. 其他

◆ 支付宝成交笔数。
◆ 支付宝成交额。
◆ 宝贝是否加入爱心捐助（马云的大淘宝策略的整体趋势）。
◆ 滞销商品优化指数。
◆ 实物交易指数。
◆ 地区性。
◆ 是否打折。
◆ 是否淘特色宝贝。
◆ 是否提供发票、提供保障服务。

8. 流量类指标

◆ 访客数。
◆ 浏览量。
◆ 回访客数。
◆ 消费者入店次数。
◆ 调试率。
◆ 人均浏览量。
◆ 周期内下单用户数。
◆ 下单率。
◆ 主图点击量。

- 静默转化率。

9. 服务指标

- 咨询访客数。
- 咨询响应访客数。
- 咨询响应时间。
- 咨询转化率。
- 咨询成交用户数。
- 咨询成交金额。
- 平均退款时间。
- 新成交用户率。
- 最近成交日期。

第 3 章
关于淘宝作弊规则的详细解读及其应对

国有国法，家有家规，平台也应该有平台的游戏规则。面对每天上亿级别的访问，近千万卖家，如果没有详细的规章制度，淘宝这个大平台肯定是无法正常运转的。在淘宝的这些规则当中，关于作弊方面的规则将会受到越来越多的重视。

这是很好理解的：电子商务毕竟不同于传统的线下交易，虚拟性决定了其有更大的作弊的可能性。为了保证消费者利益，保证平台健康稳定发展，关于作弊的问题，会成为阿里巴巴集团内部越来越重视的问题，淘宝一定会有越来越多的方法来处理作弊行为。下面给大家详细地解读一下淘宝与作弊相关的规则，也就是通常所说的淘宝“十宗罪”。

本章对淘宝作弊规则的解读，主要信息均来自于淘宝搜索官方帮派以及官方博客发布的内容。

Section 3.1 虚假交易

虚假交易肯定会成为淘宝重点打击的违规行为。2013 年 12 月 3 日，淘宝启动大规模的严厉“整治虚假交易行为专项行动”，开始大规模删除很多淘宝店的宝贝、执行炒一罚二，同时引导卖家作出不申诉承诺。这些都表明：为了创造一个更加公开、透明、有道德的商业环境，对于虚假交易行为，淘宝不妥协的立场将会越来越坚定。也许还会有人钻空子通过虚假交易获利，但这种机会肯定会越来越少。

（1）虚假交易的定义

通俗来讲，虚假交易指的是通过不正当的方式提高账户的信用积分和宝贝销量，从而妨碍买家更好地购买自己满意商品的行为。

（2）虚假提升信用的方式包括但不限于

- ◆ 通过炒作商品销量来提高商品人气而发布的商品，为虚假交易商品。
- ◆ 发布类似于“减肥秘方”等纯信息。
- ◆ 一个商品拆分多个页面发布，如邮费和商品分开发布。

◆ 卖家限制买家购买虚拟物品的数量，比如限制某件商品一个 ID 只能购买一件商品。

◆ 卖家利用第三方炒作团伙，或者通过和别人的协议交换购买的方式。

（3）虚假交易的行为包括但不限于

◆ 自己注册买家用户进行购买。

◆ 朋友间不正常的相互购买。

◆ 公司内部人员不正常的相互购买。

◆ 通过与他人协商，以不正当形式提高商品销量。

◆ 通过与第三方炒作平台提高商品的销量。

◆ 恶意使用不真实的物流单号。

◆ 通过虚假发货或者不发货进行虚假交易，提高商品销量。

◆ 通过搭配套餐的形式进行大幅度改价，从而炒作销量的行为。

（4）对于虚假交易作弊淘宝的处理方法

系统对于识别的虚假交易（虚假信用和虚假销量）的宝贝给予 30 天的单个宝贝搜索降权，同时根据卖家店铺涉嫌虚假交易情节的严重程度给予卖家 7～90 天的全店宝贝搜索降权的处罚。

（5）操作建议

建议卖家不要频繁改价，或者大幅度修改商品价格，以免影响系统对商品的判断。当然，最根本的是：诚信经营，用服务质量和产品质量争得市场。

Section 3.2 关于重复铺货

重复铺货违规是针对下架时间这个排序规则而制定的。因为越接近下架时间的宝贝排名就越容易靠前，但每个产品又都有一个 7 天的上架周期，大家的机会是一样的。于是，就有一些卖家为了增加自己宝贝的曝光机会，大量重复地发布同一个商品，以此来提高展现率。这种做法首先是不公平的，其次也不利于消费者良好的购物体验。

（1）相关概述

完全相同以及商品的重要属性完全相同的商品，只允许选择一种形式发布（拍卖或者一口价）一次。违反以上规则的，即可被判定为重复发布，并在搜索结果中靠后展示或者不予展示。

对于不同的商品，必须在商品的标题、描述、图片（主要是指首图）等方面体现商品的不同，否则将被判定为重复铺货。对于代销别人的商品，只能通过淘宝的代销平台进行，如果是从别的代销平台上获取的数据将会有可能被认定为重复铺货。

因此，如果不是从淘宝自己的代销平台上操作，就需要在首图、商品描述等部分作出相应的调整。

（2）详细的规则

◆ 完全相同以及重要属性完全一样的商品多次发布属于重复铺货。
◆ 同款商品以附带不同的赠品或者附带不同的附带品发布多次，属于重复铺货。
◆ 同款商品，通过修改其价格、数量、组合方式以及其他发布形式多次发布，属于重复铺货（包含但不限于：每天发布一次，或者以一口价和拍卖的形式分别发布）。
◆ 关于重复铺货式开店：指卖家通过同时经营多家具有相同商品的店铺，达到重复铺货的目的，淘宝搜索这种开店方式为重复开店。这种方式严重影响了买家的购物体验，属于作弊行为。

（3）各类目商品重复铺货的详细说明

A：女装、男装类目

◆ 同款商品以不同的尺码多次发布的属于重复铺货。
◆ 同款商品允许按照不同颜色分别发布展示，但是如果一件宝贝主图已包含了各种颜色或者各种颜色的销售属性，然后又以此不同颜色分别发布展示，属于重复铺货。

例如，一件黑色和一件白色两件相同款式的衣服，放在一起拍了一张照片。然后卖家以此图片发布两次，只是一件标题中写黑色，一件标题中写白色，这就属于重复铺货行为。

◆ 同款商品通过不同的展示形式发布（侧面图、局部图、不同角度场景拍摄等不同纬度的图品、商品标题等展示方式），属于重复铺货。

B：女鞋、男鞋、运动鞋类目

◆ 同款商品用侧面图、背面图等形式多次发布，属于重复铺货。

◆ 同款鞋以不同鞋码分开发布，属于重复铺货。

◆ 同种商品允许按照不同颜色分别发布展示，但如果一件宝贝主图已包含了各种颜色或者各种颜色的销售属性，然后又以此不同颜色分别发布展示，属于重复铺货。

C：运动服类目

◆ 同款商品用侧面图、背面图、细节图等形式多次发布，属于重复铺货。

◆ 同款商品以大、中、小号等的比例规格多次发布，属于重复铺货。

◆ 同种商品允许按照不同颜色分别发布展示，但如果一件宝贝主图已包含了各种颜色或者各种颜色的销售属性，然后又以此不同颜色分别发布展示，属于重复铺货。

D：服饰配件类目

◆ 同款商品通过不同的展示形式发布（不同纬度的图品、商品标题等展示方式），属于重复铺货。

◆ 同种商品允许按照不同颜色分别发布展示，但如果一件宝贝主图或标题或描述已包含了各种颜色或者各种颜色的销售属性，然后又以此不同颜色分别发布展示，属于重复铺货。

◆ 同款商品允许以不同大小规格多次发布，但如果一件宝贝主图或标题或描述已包含了各种规格或者各种尺码的销售属性，然后又以此不同规格分别发布展示，属于重复铺货。

E：箱包类目

◆ 同款商品通过不同的展示形式发布（不同纬度的图品、商品标题等展示方式），属于重复铺货。

◆ 同款商品允许以不同大小规格多次发布，但是如果一件宝贝主图或标题或描述已包含了各种规格或者各种尺码的销售属性，然后又以此不同规格分别发布展示，属于重复铺货。

◆ 同种商品允许按照不同颜色分别发布展示，但是如果一件宝贝主图或标题或描述已包含了各种颜色或者各种颜色的销售属性，然后又以此不同颜色分别发布展示，属于重复铺货。

F：内衣类目

◆ 同款商品以不同尺码多次发布，属于重复铺货。

◆ 同款商品通过不同的展示形式发布（不同纬度的图片、商品标题等展示方式），属于重复铺货。

◆ 同种商品允许按照不同颜色分别发布展示，但是如果一件宝贝主图或标题或描述已包含了各种颜色或者各种颜色的销售属性，然后又以此不同颜色分别发布展示，属于重复铺货。

G：网游物品

◆ 该类目一个区服下发布商品数量不能超过 5 件，否则，多余的商品作为重复铺货处理。

H：移动联通电信充值中心

◆ 商品以不同地区、不同面值或不同的充值方法分开发布，不属于重复铺货。例如，二级类目移动手机充值卡，地区属性浙江，面值属性 100 元下，自动发货、在线卡密、卖家代充、在线代充（72 小时到账）每个属性下可以各发布 1 件商品，总计 4 件。

I：手机号码/套餐/增值服务

◆ 同一个手机号码多次发布，属于重复铺货。但不同的手机号可多次发布，不属于重复铺货。

J：腾讯专区

◆ QQ 币及 QQ 游戏货币，允许按照不同属性分别发布，但“充值数量/面值”相同的商品按其他不同属性分别发布次数不能超过 5 次。例如，面值属性为 10 个/10 元的商品，可以按不同充值类型（如卖家代充、自动发货等）、不同币充值类型（如官方充值、平台充值等）分别发布，但分别发布次数不能超过 5 次。

◆ QQ 号码类商品只允许发商品总单（按 QQ 位数或价格），以单个号码分别发布的视为重复铺货。

K：网络游戏点卡

◆ 点卡类商品，可以按照不同属性及排列组合分别发布，但面值、属性等一致且多次发布的则视为重复铺货。

L：鲜花素体/花卉仿真/绿植园艺

◆ 同一种鲜花按不同地区多次发布，且图片相同，价格、标题、描述等基本相似，属于重复铺货。

M：网店/网络服务/个性定制/软件

◆ 该类目下每个子类目只能发布 10～20 件宝贝，详情请见淘宝相关规定。

N：3C 数码配件类目

◆ 保护壳/套类：能适用于多款机型的通用型保护壳/套类商品，只能发一个，不能出现每种机型重复发商品的问题；把不同图案发到颜色的筛选项里，不得出现不同图案反复发的现象。

◆ 贴膜类：适用机型是独有的，可以根据不同的机型单独发布。通用型的，只能发一件，不得重复发布；统一尺寸通用型的贴膜，不得根据适用机器的品牌反复发布。

◆ 电池类、充电器、数据线商品：该类商品若适用于多种主件型号，例如电池 BL-5C，适用多个手机型号，应在发布商品时在标题中尽可能多地注明适用手机型号，如遇到型号不够写，应把热门机型写上。类似的通用型配件只能发布一个，如发现发布多个的，视为重复铺货处理。

（4）淘宝搜索引擎的处理

对于重复铺货，淘宝识别后，会保留其中的一个主要店铺，然后对其他的店铺进行屏蔽。

（5）建议

保留一个主要店铺，其他的店铺关闭；如果要做代销，必须通过淘宝的代销平台来进行；如果不是通过淘宝的代销平台代销的，则需要对首图、标题、价格等做相应的处理。

Section 3.3 换宝贝

有些卖家在销售单价较高的商品时，会先销售单价很低的商品，当积累到一定的销量或人气后，再修改成单价较高的商品。这样做，不仅大大影响了消费者的判断，淘宝平台也是绝对禁止的。

（1）基本概述

从字面上理解，换宝贝就是更换宝贝的意思。具体来说，指的是买家为了累计销量或者人气，通过修改原有宝贝的标题、价格、图片、详情、材质等，变化成另外一种商品继续出售；或者是卖家不小心把自己的商品出售方式做了改变并出售。这种涉嫌严重炒作销量的行为，会被淘宝认定为违规行为。

（2）具体规则

案例一：原有商品是针织衫，通过改变价格等变成了 T 恤继续销售。

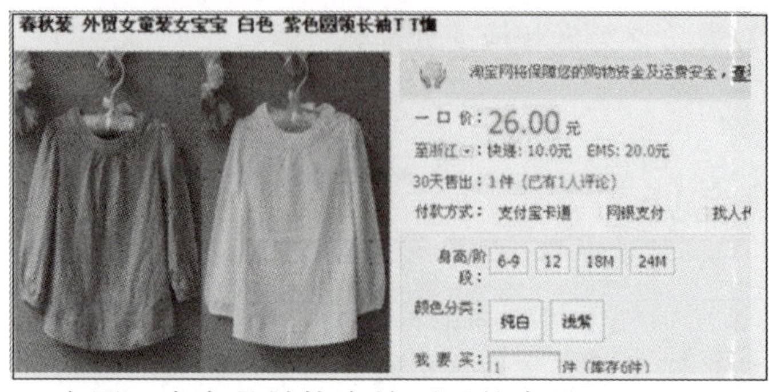

案例二：在同一个商品链接中放不同的商品。

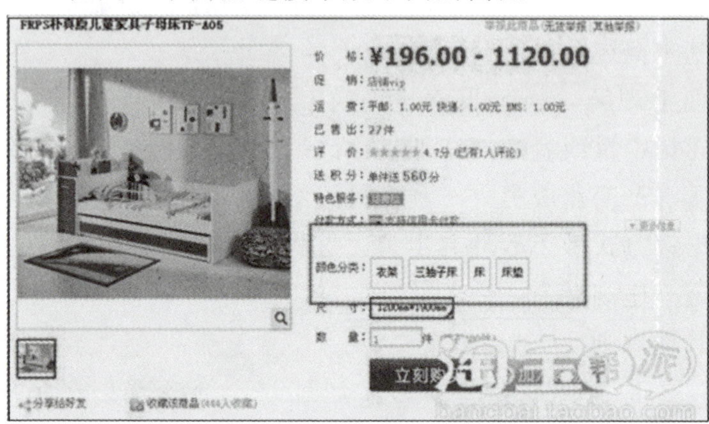

案例三：原来是单个卖，一个1块钱，现在是组合卖，10个12块钱。

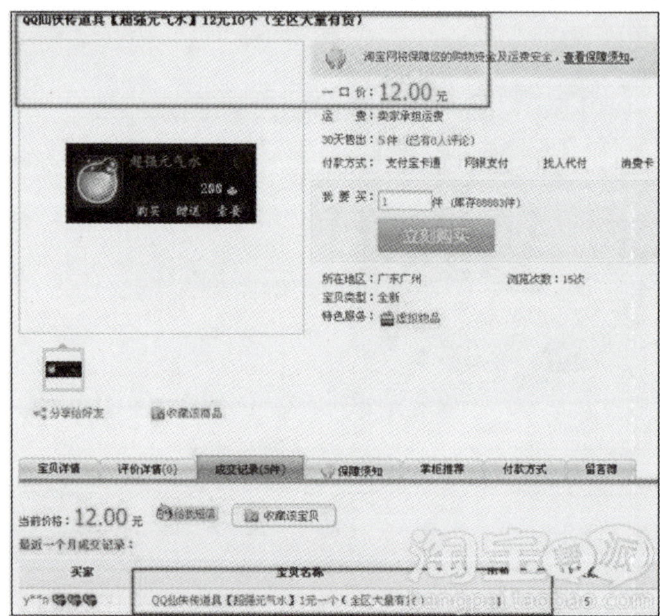

案例四：原来卖套装，现在卖单个。

淡淡的一凡	正版铠甲勇士2玩具刑天561031飞影561032金刚561033武器装备全套 大小:颜色(可自定义):飞影561032	33	1	2011-03-02 13:21:54
andalulu	铠甲勇士2刑天玩具 刑天561031飞影561032金刚561033全套玩偶武器 大小:颜色(可自定义):飞影561032	33	1	2011-03-01 16:23:13
rmh1978	双星冠正版防伪勇迪双钻铠甲勇士2刑天玩具飞影侠武器套装561032			
燕南飞wangyan	皇冠正版防伪勇迪双钻铠甲勇士刑天玩具飞影侠武器装备套装561032			
b_3328807	正版勇迪双钻铠甲勇士刑天玩具升级版 飞影侠铠甲装备套装	34.8	1	2011-02-25 10:26:02

（3）淘宝的搜索降权时间

系统一旦识别后，立即降权，根据作弊的不同，降权时间也有所不同，一般是在30天左右，严重的甚至会永久降权或者屏蔽。

（4）处理建议

删除该商品。

Section 3.4 邮费不符

在淘宝的排序维度中，有一个维度是按照价格的降序排序，此时的标准是发布商品时的一口价。有些卖家为了在这个维度下获得比较好的排名，就会把一口价标得很低，但为了有利润可求，就把邮费标得明显不符合行业标准或者市场规律。

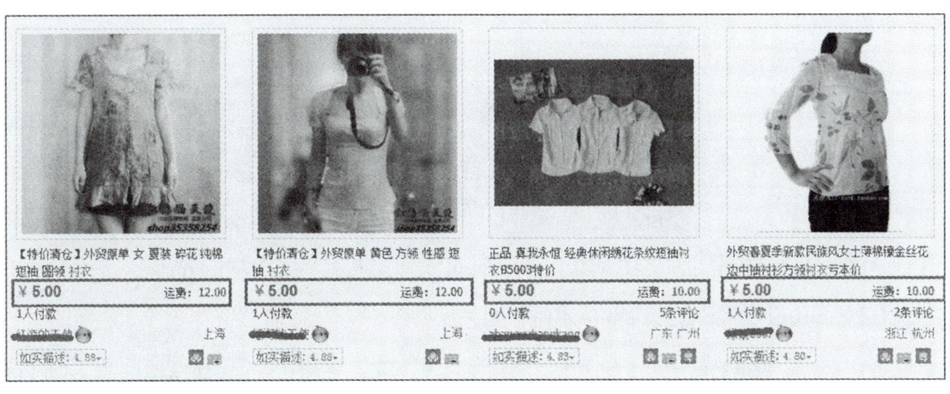

（1）基本概述

发布商品的一口价很低，但是邮费明显不符合行业标准或者市场规律，比如一件衣服，标价为 1 元钱，但邮费是 100 元，淘宝对于此种行为认定为邮费不符商品，属于违规行为。

（2）详细规则举例

宝贝的一口价很低，但邮费明显不符合。

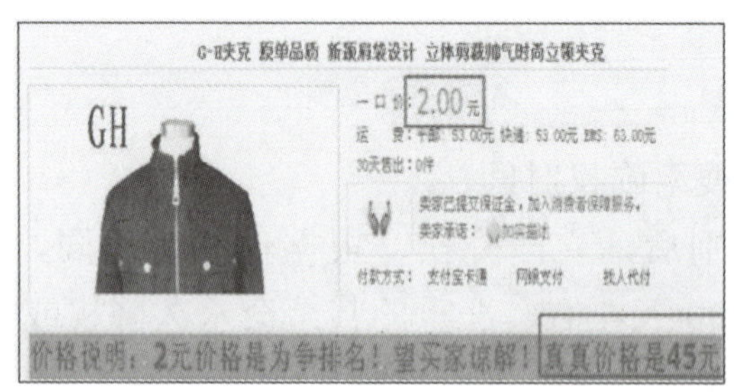

（3）淘宝搜索降权时间

系统识别后立即降权，降权时间根据作弊的不同其严重程度不同，邮费、价格严重不符的商品经修改后最早可以在 5 天内结束降权。

（4）处理建议

按照市场规律和所属行业的邮费标准，将商品邮费、价格等调整正确。

Section 3.5 SKU 作弊

（1）基本概述

SKU 作弊是指通过刻意规避淘宝商品 SKU 设置规则，滥用商品属性（如套餐、配件等）设置过低或者不真实的一口价，使商品排序靠前（如价格排序）的行为；或者在同一个商品的属性选择区放置不同商品的行为。淘宝搜索将采用 SKU 作弊的宝贝判定为作弊商品。

（2）SKU 作弊的详细行为种类

- ◆ 将常规商品和瑕疵品、单机、样品、模型、二手等非常规商品放在一个宝贝链接里出售。
- ◆ 将常规商品和批发、缺货、换购、赠品、定金、订金等特殊商品放在一个宝贝链接里出售。

◆ 设置虚假一口价。

◆ 将常规商品和商品配件（如手机和充电器，抱枕和枕套，单只鞋等）放在一个宝贝链接里出售。

◆ 将不同的商品放在一个宝贝链接里出售。

◆ 将材质款式规格等属性值不同的商品放在一个宝贝链接里出售。

◆ 将不同容量的 U 盘等存储设备放在一个链接里出售。

◆ 将正常出售和不支持出售（或非正常）的商品放在同一个宝贝链接里出售。

（3）具体案例

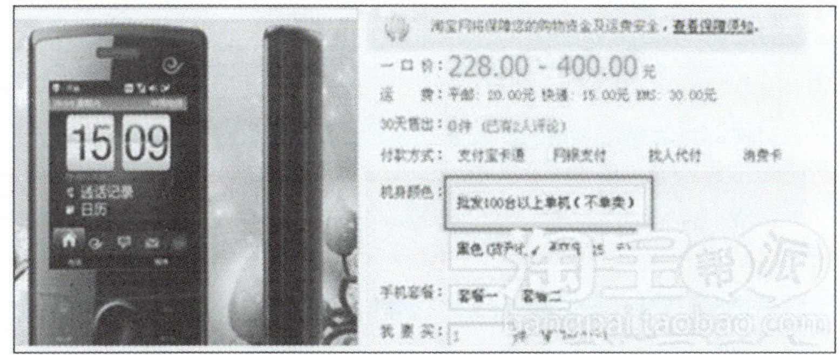

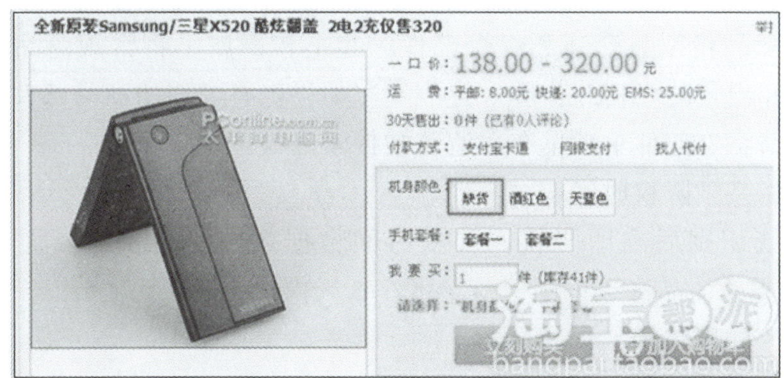

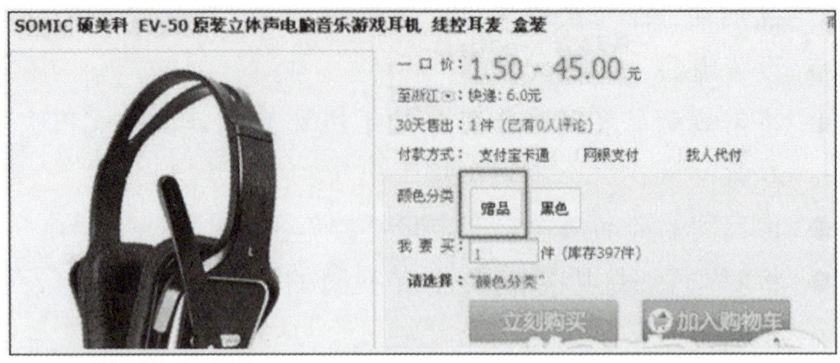

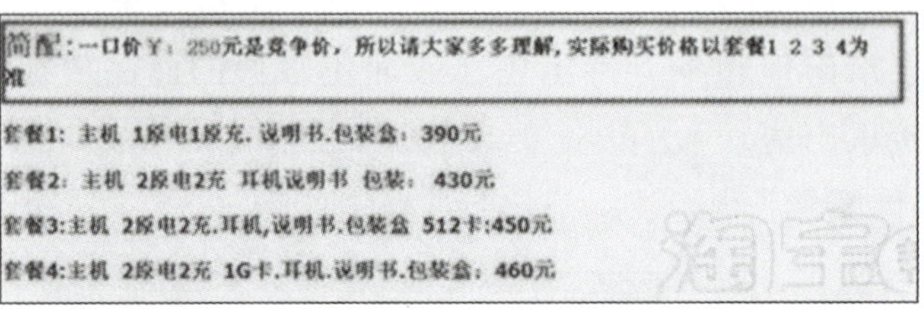

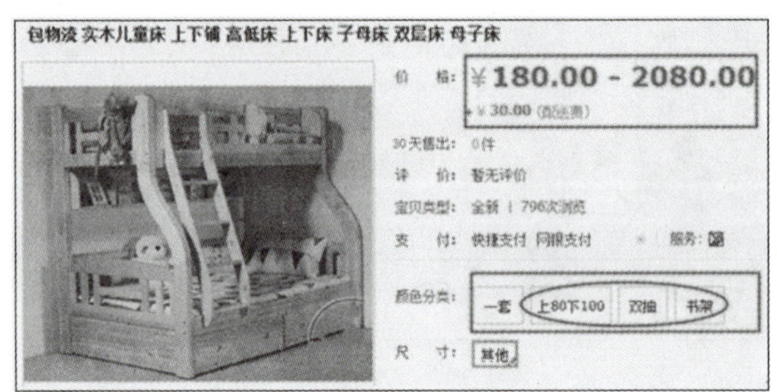

此商品将家具套装和组合部件一起出售，属于将常规商品与商品配件一起出售的 SKU 作弊，提醒卖家如果也有类似的商品部件出售的情况，请将零部件单独发布，避免被搜索降权。

（4）搜索降权时间

系统识别后立即降权，降权时间根据作弊的严重程度而不同，SKU 作弊的商品修改正确后最早可在 5 天内结束降权。

（5）处理建议

将 SKU 商品修改正确。

Section 3.6 广告商品

（1）基本概述

商品没有详细描述，或者没有实际商品，仅仅发布的是作者的联系方式或者是非本店铺的商品信息的商品，如为别的店铺做宣传的商品，为线下做宣传的商品（住宅类的商品除外），淘宝搜索会判定为广告商品。

（2）广告商品的形式

◆ 以一口价或拍卖方式发布已经出售或者仅供欣赏的商品；如有的人会发布一些自己的绘画作品，但是已经出售出去的。

◆ 发布自己或者别人的生活照、实体店铺的店面图片或者介绍、品牌故事、行业知识或者纯粹贴图供人欣赏的商品。

◆ 已售勿拍、广告等形式发布的商品。

◆ 禁止卖家在商品描述中或阿里旺旺上出现外网交易的链接信息或诱导买家去外部网站上购买商品。违反此规定的商品，属于广告商品。

◆ 如商品信息标题、描述，或店铺信息中出现“拍前请询问价格后才能购买”或“不询问就拍下不发货”等字样，淘宝搜索视该商品信息为广告商品。

◆ 发布相关免费网站注册的信息。

◆ 发布仅提供发布者联系方式或其他非出售商品信息的商品。

◆ 发布宝贝描述中含有其他店铺超链接等非本店铺商品相关信息。

特别提醒：

第 4 点中部分卖家朋友没有自己的实拍图片，通过使用网络上的图片出售商品，而很多的网络图片会存在隐藏链接，这也会被淘宝认为是外网链接。所以在此提醒各位卖家，请使用自己的实拍图片（未经图片版权拥有者许可，使用他人图片，也是违规的）。

（3）相关案例

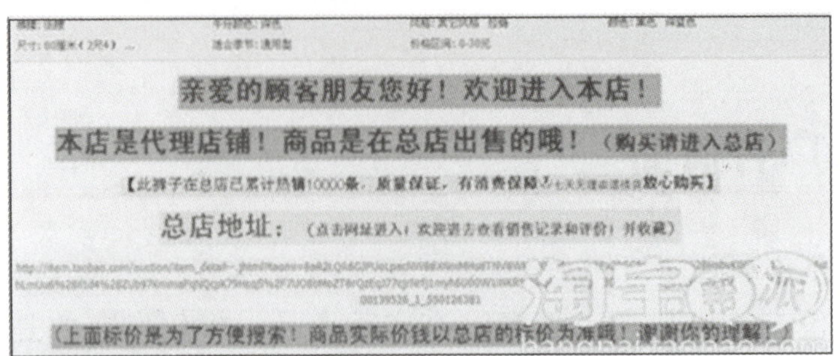

（4）搜索降权时间

系统识别后立即降权或屏蔽，降权时间根据作弊的不同严重程度而不同，广告商品修改正确后，最早可在5天内结束降权。

（5）处理建议

删除广告商品，或者将广告商品修改为正常商品。

Section 3.7 标题滥用关键词

有些卖家朋友为了获得理论上更多的展现机会，在标题中堆砌一些热门的但根本与商品无关的关键词，这种行为严重影响了买家的购物体验，是被淘宝的搜索引擎禁止的。

（1）基本概述

卖家为使发布的商品引人注目，或使买家能更多地搜索到所发布的商品，而在商品名称中滥用品牌名称或和本商品无关的字眼，使消费者无法准确地找到需要的商品。有这种行为的商品会被淘宝搜索判定为滥用关键词商品，立即降权。

（2）标题滥用关键词的细则

◆ 卖家在所出售的商品标题中使用并非用于介绍本商品的字眼（包含但不仅限于如下情况：标题为“减肥瘦身 美容茶 韩版修身女装”等）。

◆ 卖家故意在所出售的商品标题中使用淘宝网正在热推的关键词，并且该关键词和内容商品无直接关联。

◆ 卖家在所出售的商品标题中使用非该商品制造或生产公司使用的特定品牌名称（也就是堆砌其他的品牌名或厂家名，如“美的”同款电饭煲 同场代工××品牌）。

◆ 卖家在所出售的商品标题中出现与其他商品和品牌相比较的情况（包含但不仅限于如下情况：“可媲美 LV 的真皮手袋”等）。

◆ 卖家在所出售的商品标题中出现与本商品属性不相符的文字描述（包含但不仅限于如下情况：衣服属性选择长款，但标题当中出现中长款，短款等）。

◆ 卖家在所出售的商品标题中出现非此明星等代言或者授权的商品（包含但不仅限于如下情况：林心如同款等，也就是说这种所谓的××同款属于违规的商品）。

◆ 卖家在所出售的商品标题中出现多种与本商品不相符合的促销形式（包含但不仅限于如下情况：清仓促销 包邮 换季 天天特价 限时促销……实际并不包邮或者正值当季商品或者并没有参加淘宝官方的此类活动）。

◆ 卖家在所出售的商品标题中存在体现不规范进货途径及不合格商品相关信息（包含但不仅限于如下情况：原单等）。

（3）相关案例

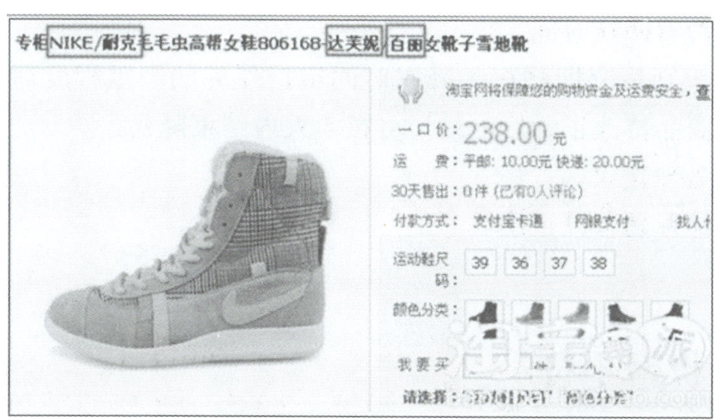

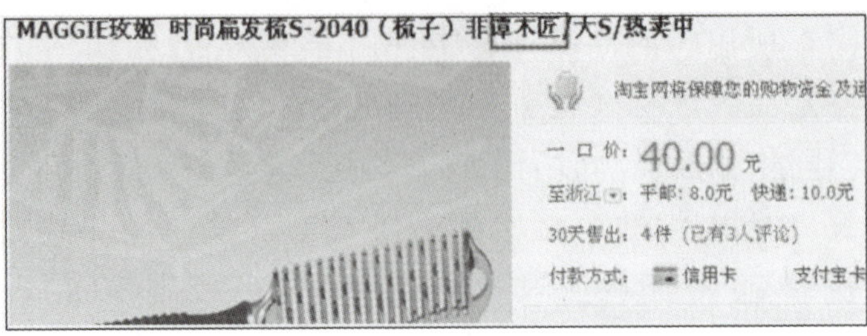

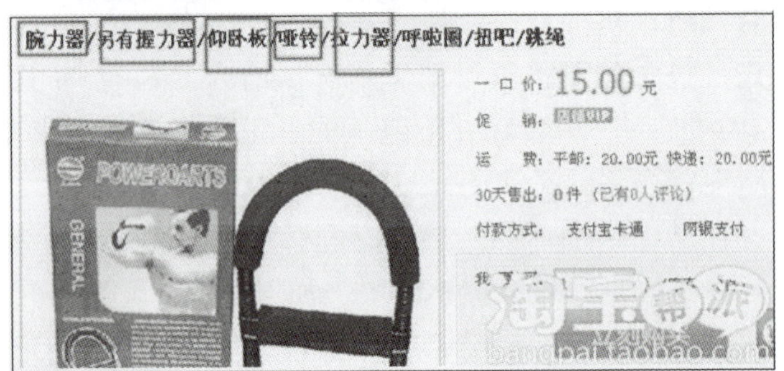

（4）搜索降权时间

系统识别后立即降权，降权时间根据作弊的严重程度而不同，标题滥用的商品修改正确后，最早可在5天内结束降权。

（5）处理建议

将商品标题修改正确。

Section 3.8 价格不符

（1）基本概述

发布商品的定价不符合市场规律或所属行业标准，滥用网络搜索方式实现其发布的商品排名靠前，影响淘宝网正常运营秩序的，淘宝搜索判定其相关商品为价格不符商品。

（2）具体细则

- ◆ 商品发布价格不符合市场规律或所属行业标准。
- ◆ 一口价与描述价格严重不符。

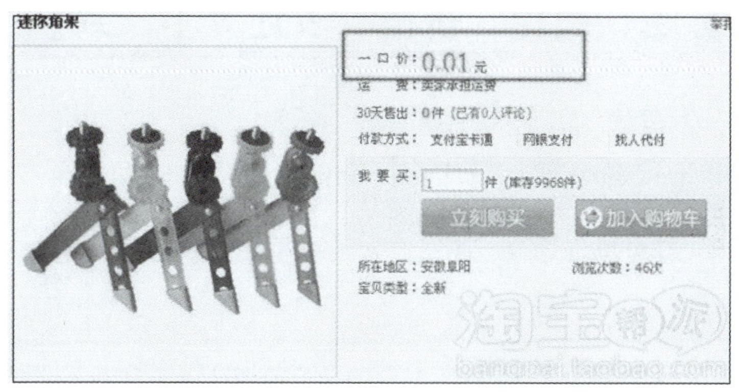

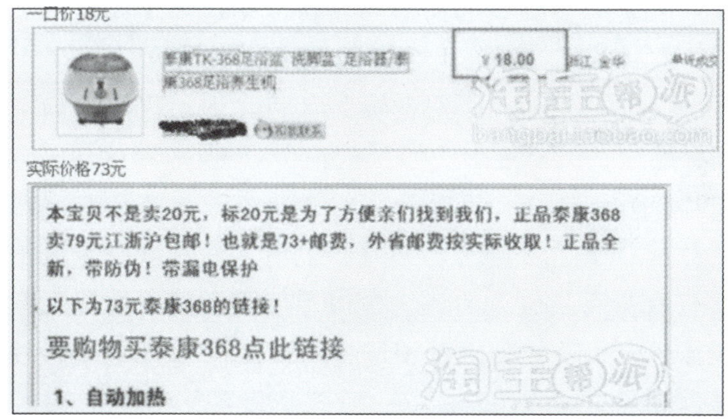

- ◆ 以批发价作为一口价发布，并且无法通过该一口价购买到单个商品。
- ◆ 将常规商品和瑕疵品、单机、样机、模型、二手等非常规商品放在一个宝贝里出售，且一口价为非常规商品的价格。
- ◆ 将常规商品和批发、缺货、换购、赠品、定金、订金等特殊商品放在一个宝贝里出售，且一口价为特殊商品的价格。

（3）搜索降权时间

系统识别后立即降权，降权时间根据作弊的严重程度而不同，价格严重不符的商品调整正确后，最早可在 5 天内结束降权。

（4）处理建议

按照市场规律和所述行业标准，将价格修改正确。

Section 3.9 标题、图片、价格、表述等不一致

（1）基本概述

所发布的商品标题、图片、价格、描述等信息缺乏或者多种信息相互不一致的情况，淘宝搜索判断为标题、图片、价格、描述等不一致商品。

（2）详细规则

- 虚拟商品和服务性质商品外，其他商品以无图片的形式发布。
- 发布缺乏必要要素的商品（包含但不仅限于如下情况：商品标题、商品描述中只有无含义的数字和字母等）。
- 发布必要要素相互不符的商品（包含但不仅限于如下情况：商品标题是“925 纯银小海星戒指”，但商品图片却是一根项链的图片等）。
- 商品信息中包含诽谤、漫骂、色情、暴力威胁等攻击性言语以及其他非商品信息的（包含但不仅限于如下情况：在商品标题或描述中私自公布他人 ID、聊天记录、交易纠纷、使用不文明语言等）。

（3）搜索降权时间

系统识别后立即降权，降权时间根据作弊的严重程度而不同，标题、图片、价格、描述等不一致的商品修改正确后最早可在 5 天内结束降权。

（4）处理建议

将商品修改正确，使其标题、图片、价格、描述等一致。

Section 3.10 错放类目和属性

（1）基本概述

商品属性与发布商品所选择的类目不一致，或将商品错误放置在淘宝网推荐的各类目下，淘宝搜索判定为放错类目商品。

（2）详细规则

◆ 商品类目与发布商品所放置的类目不一致。

◆ 商品属性与发布商品所设置的属性不一致。

◆ 在淘宝首页推荐各类目下出现和该类目无关的商品。

（3）搜索降权时间

系统识别后立即降权，降权时间根据作弊的严重程度而不同，错放类目和属性的商品调整正确后，最早可在5天内结束降权。

（4）处理建议

将商品放到正确的类目，修改为正确的商品属性。

第 4 章

优秀的宝贝标题是怎样炼成的

当买家想购买一件商品时，一般情况下第一个动作就是搜索，然后在搜索结果页面快速浏览查看，再点击进入自己认为可能会满足需求的宝贝详情页。我们先简单看一下这三个动作：搜索、查看、点击。

我们首先会在淘宝的搜索框中输入一个关键词，比如想买一件夏天穿的纯棉的七分裤，会输入“七分裤 纯棉 男”。

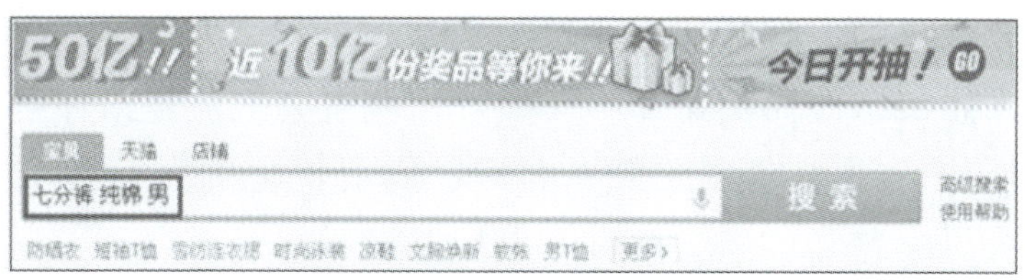

然后会发现，在搜索结果页有两种展示方式：列表展示和大图展示，在这两种展示状态下，用户能见到的宝贝信息基本差不多，只是略有区别。

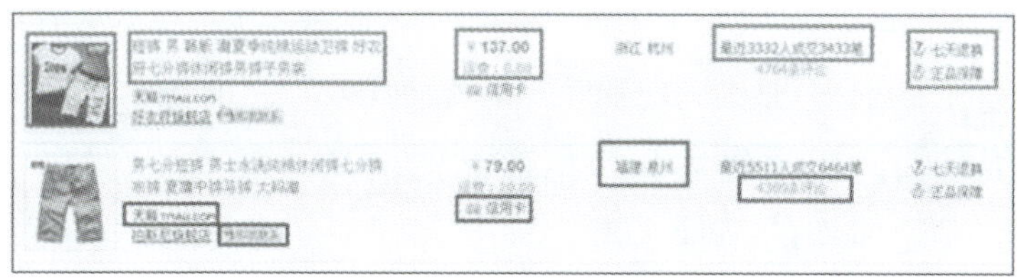

列表展示状态下，可以看到：宝贝首图、标题、价格（运费）、宝贝所在地、最近 30 天的成交人数和成交笔数、卖家服务、评论、店铺类型、旺旺（点击可联系）。

大图展示状态下，可以看到：宝贝首图、标题、价格（运费）、成交人数、评论、旺旺（点击可联系）、店铺类型、卖家服务、宝贝所在地、快速预览、DSR 评分。

大图展示状态下与列表展示相比，缺少最近 30 天的成交笔数，增加了 DSR 评分、快速预览两个部分。

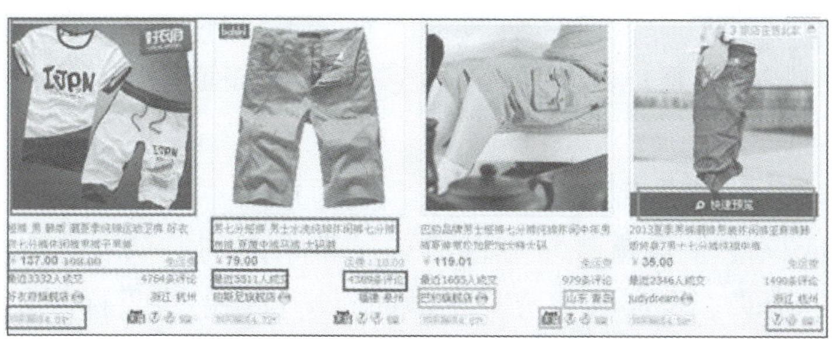

综合上述元素进行分析，会发现成交人数、评论、DSR 评分是需要在长期经营的过程中不断累积的；店铺类型、宝贝所在地是开设店铺时就已经固定下来的；卖家服务作为一种搜索排序的因子，只要卖家有条件就应该加入；价格虽然可以便捷地修改，但不同的价格实际上代表的是不同的用户群体，淘宝的千人千面就体现了这一点，因此价格要素也是不需要优化的；旺旺的在线看起来是一个不需要过多分析的因素，但如果有人想买东西而卖家却不在线，那淘宝会把流量给你吗？

这样看来，进入搜索结果界面后，需要优化的只有两个要素：宝贝首图、宝贝标题。这里主要讲宝贝标题。

Section 4.1 为什么要做宝贝标题的优化

首先要了解什么是宝贝标题。简单理解，宝贝标题就是卖家在发布宝贝时撰写的，用来描述和概括商品的信息，限 30 个字。宝贝标题的作用在于阐述你卖的是什么产品，是为了让人们初步了解你的产品。

前面提到过，用户在寻找产品时，主要会有三个动作：输入关键词、浏览查看、点击宝贝。从这三个动作出发，宝贝标题优化的主要目的有三个：

（1）能够更容易地被用户搜索到

这应该是第一步，只有被用户搜索到了，才有被点击，进而成交的机会。在宝贝标题中应该包含用户可能会搜索的关键词，让买家能够更方便地发现宝贝。

（2）能够让用户快速地认识商品

因为在搜索后，最直观的两个因素是宝贝标题和首图，宝贝标题一定要能清晰、完整地阐述产品，让买家能够知道他所搜索出来的宝贝到底是什么。

（3）吸引买家点击

标题应该能够强调产品可以给买家带来的利益或者产品明显独特的卖点，鼓励买家舍弃其他宝贝标题而点击自己的宝贝标题。

从这里也可以看到，优秀的宝贝标题要符合三个特点：包含用户熟悉的关键词、阐述了产品的特点、阐述了产品带来的利益。而要想满足这三个方面，实际上宝贝标题优化的工作只有两个：选词和组词。

Section 4.2 新品和中小卖家应该如何选取长尾关键词

前面提到过，用户可能会搜索到的关键词可以分为七种类型：

- 产品的品牌词：苹果、诺基亚、三星、海尔、班尼路……
- 行业词/类别词：绿茶、成人用品……
- 产品名：紫砂壶、铁观音……
- 产品的属性词：黑色、韩版、无袖、修身……
- 产品的功能词：祛痘、美白、减肥……
- 具体的型号词：三星 I9100……
- 促销词：包邮、买赠、假一赔十……

这七种关键词又可以分成三部分：上位关键词（产品的品牌或者类别）、主关键词（产品的名称或者通称）、下位关键词（产品的属性功能、型号等）。一般这个上位关键词+主关键词+下位关键词，可以通过发布宝贝时通过淘宝的类目和属性进行确定。在这个基础上，通过分析，选取合适的关键词进行宝贝标题的写作。

对于新品和中小卖家来讲，在那些搜索量很大的热门关键词上不具备优势。因此，根据核心关键词选择合适的黄金词（搜索量大但竞争强度低的长尾关键词）就成为选词的重要原则。并且长尾关键词的综合质量分上升后，也会相应地带动核心关键词。下面就来分析新品和中小卖家应该如何选取关键词。

4.2.1 第一步：确定核心关键词

核心关键词既可能是上位关键词，也可能是主关键词，还可能是下位关键词，也许是一个品牌词（如诺基亚），也许是一个产品的通称（如铁观音），或者是一个功能词（如祛痘），没有统一的标准。一般核心关键词的确定有两种方法：

（1）利用淘宝排行榜

进入淘宝排行榜首页（http://top.etao.com/），从左侧导航栏中选择宝贝所在的类目。

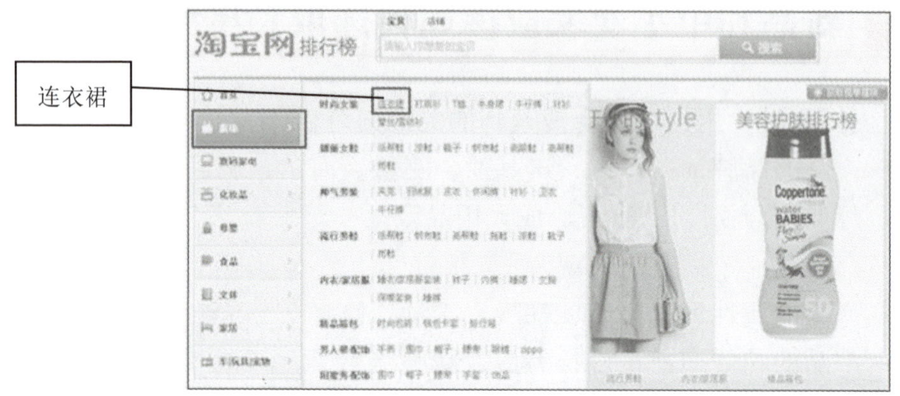

搜索结果中，右侧有一个搜索热门，点击“完整榜单”

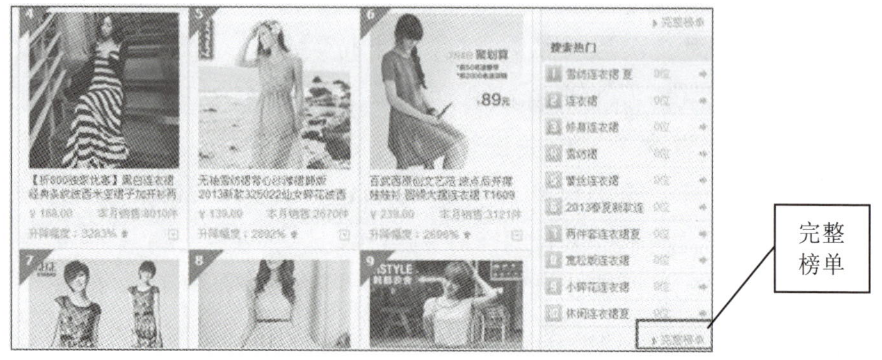

我们可以从“完整榜单”中挑选几个合适的核心关键词，如前五个：雪纺连衣裙 夏 2013、连衣裙、修身连衣裙、雪纺裙、蕾丝连衣裙。

（2）利用数据魔方中的淘词功能

在淘词功能中，有一个“行业热词榜”，可选择宝贝所在的最详细的类目，比如：

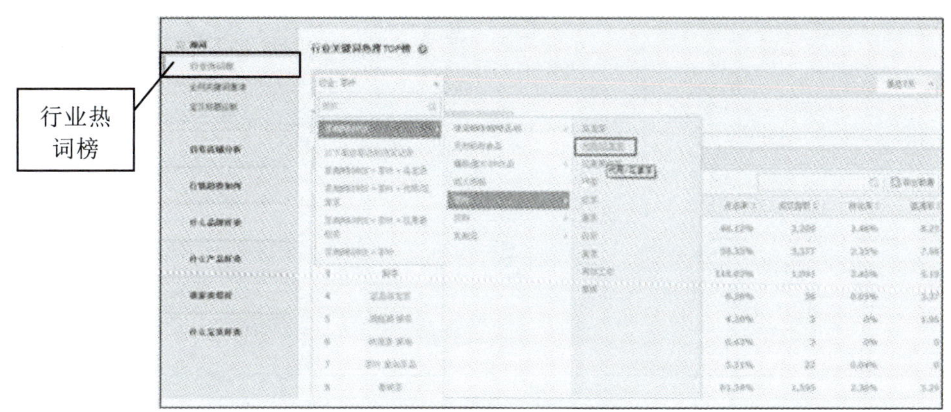

在“行业关键词热搜 TOP 榜”中，选择最近 7 天的数据（更能代表热度），排名靠前的都可以作为核心关键词的参考。

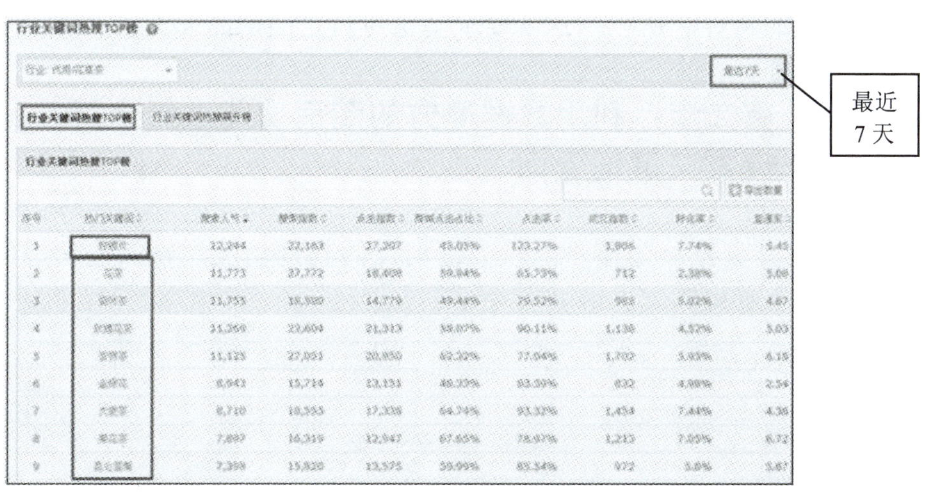

在采用这种方法时，还可以将数据导出，在核心关键词选择的余地比较大的情况下，应选择那些成交量比较大的核心关键词。因为“搜索人气”只代表搜索的指数值，不代表实际搜索的人数，所以我们计算出来的成交量也不是实际的成交量。计算方法：搜索人气×转化率，计算完毕后选择合适的核心关键词。

A	B	C	D	E	F	G	H
序号	热门关键词	搜索人气	搜索指数	点击指数	成交指数	转化率	成交量
1	柠檬片	12244	22163	27207	1806	7.74%	948
5	苦荞茶	11125	27051	20950	1702	5.95%	662
7	大麦茶	8710	18553	17338	1454	7.44%	648
3	荷叶茶	11755	18500	14779	985	5.02%	590
8	菊花茶	7897	16319	12947	1213	7.05%	557
4	玫瑰花茶	11269	23604	21313	1136	4.52%	509
6	金银花	8943	15714	13151	832	4.98%	445
9	昆仑雪菊	7398	15820	13575	972	5.80%	429
14	兰香子	3889	7802	8567	706	8.61%	335
13	菊花	4739	9453	7491	619	6.20%	294
28	菊花茶 特级 胎菊	2529	4365	4327	506	11.10%	281
2	花茶	11773	27772	18408	712	2.38%	280
11	雪菊	5142	12375	16274	712	5.43%	279
23	明列子	2740	4445	4546	361	7.71%	211
21	胎菊	2955	6458	6054	472	6.93%	205
29	杭白菊	2473	4991	4821	429	8.17%	202
10	茉莉花茶	5324	12112	10111	482	3.73%	199
20	苦丁茶	3073	6543	5376	405	5.85%	180
24	荞麦茶	2668	5679	4331	394	6.57%	175
32	雪菊昆仑 顶级	2186	4057	4836	323	7.55%	165

其实，这也是一个淘宝选品的方法，通过计算可以发现，虽然花茶的搜索人气很高，但成交量不大。“大麦茶”和“苦荞茶”虽然在搜索人气上排名第七和第五，但成交量却能排在第二和第三。

当然，在选取核心关键词时，要保证的第一点是：能最精确地表达自己产品的特性。所以，这就要求卖家对自己的产品非常熟悉。

4.2.2 第二步：利用数据魔方的淘词功能进行全网搜索关键词查询

打开数据魔方，选择“全网关键词”的查询功能，输入选择好的核心关键词，如输入“苦荞茶”：

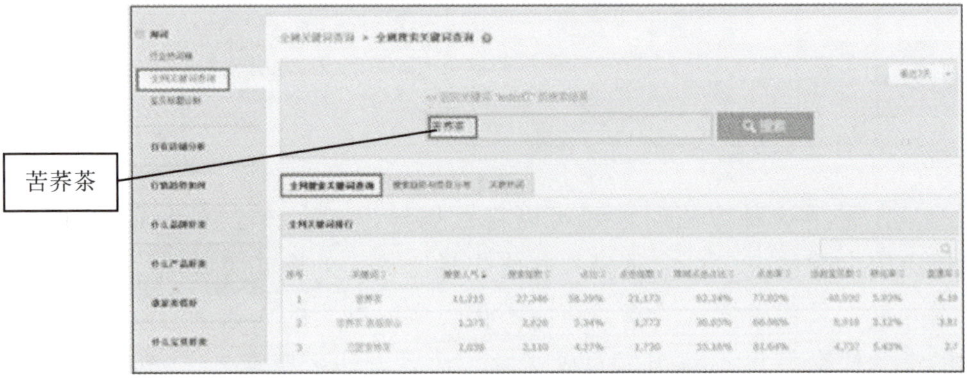

苦荞茶

4.2.3 第三步：利用 Excel 表格筛选黄金词（长尾关键词）

将所有的搜索结果以复制粘贴的方式放入 Excel 工作表中（这样方便进行筛选和统计），表格中增加“竞争强度”指标，表示的大概意思是：平均每个宝贝可以分到的搜索人气，竞争强度=搜索人气÷当前宝贝数，这个数值越大，表示竞争越小。

A	B	C	D	E	F	G	H	I	J	K	L
序号	关键词	搜索人气	搜索指数	占比	点击指数	商城点击占比	点击率	当前宝贝数	转化率	直通车	竞争强度
1	苦荞茶	11,215	27,346	38.29%	21,173	62.24%	77.02%	48,950	3.93%	6.18	0.23
2	苦荞茶 西昌凉山	1,375	2,626	5.34%	1,773	30.65%	66.96%	8,918	5.12%	3.81	0.15
3	三匠苦荞茶	1,038	2,110	4.27%	1,730	55.16%	81.64%	4,737	5.43%	2.7	0.22
4	苦荞茶 包邮	653	1,353	2.71%	1,365	48.55%	100.89%	45,950	6.67%	3.37	0.01
5	彝抹苦荞茶	540	968	1.93%	917	67.27%	94.61% [?]	1,282	9.67%	1.5	0.42
6	苦荞茶 四川凉山	496	1,189	2.38%	850	58.46%	70.96%	12,927	4.80%	3.32	0.04
7	环太苦荞茶	454	1,092	2.18%	659	51.99%	59.68%	5,652	4.13%	2.84	0.08
8	苦荞茶 全胚芽	449	879	1.75%	629	54.39%	71.06%	9,077	4.66%	3.42	0.05
9	苦荞茶 彝家山寨	284	572	1.13%	414	55.98%	71.69%	2,986	5.93%	2.46	0.10
10	小当家苦荞茶超市	189	243	0.47%	102	37.50%	41.16%	2	0.37%	1.63	94.50
11	彝乡人苦荞茶	168	463	0.91%	265	50%	60.95%	1,355	3.05%	1.2	0.14
12	三匠苦荞茶 旗舰店	181	250	0.48%	156	54.86%	62.72%	3	3.58%	0	60.33
13	苦荞茶旗舰店	155	175	0.34%	24	96%	12.89%	28	0.52%	0	5.54
14	苦荞茶 黑苦荞	140	270	0.52%	225	99.60%	83.11%	20,542	4.97%	1.95	0.00 [?]
15	翁福松苦荞茶	137	264	0.51%	262	46.42%	99.32%	1,010	6.10%	1.56	0.14
16	黄金苦荞茶	114	242	0.47%	330	53.37%	137.41%	1,512	8.15%	6.06	0.08
17	苦荞茶袋装	98	168	0.32%	82	60.67%	47.85%	2,581	2.15%	3.25	0.04
18	三匠苦荞茶 西昌凉山	97	161	0.31%	132	28.06%	82.02%	1,129	2.81%	0	0.09
19	厦门清风苦荞茶	94	162	0.31%	141	38.46%	87.15%	2,049	6.94%	1.66	0.05
20	彝祖行苦荞茶	93	150	0.29%	178	62.63%	119.26% [?]	340	10.24%	1.18	0.27
21	大凉山苦荞茶	90	177	0.34%	102	41.07%	57.14% [?]	2,931	2.55%	3.18	0.03
22	麦力士苦荞茶	84	159	0.30%	184	3.92%	115.91% [?]	251	7.95%	0.66	0.33
23	正山苦荞茶	83	189	0.36%	116	61.54%	61.90%	19,209	1.90%	2.74	0.00
24	荞麦茶 苦荞茶	79	168	0.32%	156	50.29%	93.01%	17,507	10.22%	3.28	0.00
25	正品三匠苦荞茶	79	182	0.35%	153	36.69%	83.66%	1,562	4.46%	1.81	0.05

然后对这些词进行筛选，筛选次序为：

- ◆ 去除所有转化率为零的关键词（在工作表中，将“转化率”这列数值，按照从大到小排序）。
- ◆ 去除竞争太激烈的关键词（在工作表内将“竞争强度”这列数值按照从大到小排序，一般根据实际情况选择去除的标准）。
- ◆ 去掉搜索人气太低的关键词（在工作表中将“搜索人气”这列数值按照从大到小排序，根据实际情况选择去除的标准）。
- ◆ 去除带有别人品牌的关键词和完全不适用自己宝贝的关键词，这要根据自己对产品的了解进行判断，比如你是 A 牌的苦荞茶，那么所有带着 A 牌以外的其他品牌名的关键词都应该去掉。
- ◆ 增加成交量指标，成交量=搜索人气×转化率，按照从大到小的顺序进行排列。排在前面的列为备选关键词。

A	B	C	D	E	F	G	H	I	J	K	L	M
序号	关键词	搜索人气	搜索指数	占比	点击指数	商城点击占比	点击率	当前宝贝数	转化率	直通车	竞争强度	成交量
1	苦荞茶	11,215	27,346	58.29%	21,173	62.24%	77.02%	48,950	5.93%	5.18	0.23	665.0
2	苦荞茶 西昌凉山	1,375	2,626	5.34%	1,773	30.85%	66.96%	8,918	3.12%	3.81	0.15	70.4
6	苦荞茶 四川凉山	496	1,169	2.38%	630	58.46%	70.96%	12,927	4.80%	3.32	0.04	23.8
8	苦荞茶 全胚芽	449	879	1.75%	629	54.39%	71.06%	9,077	4.66%	3.42	0.05	20.9
9	苦荞茶 彝家山寨	284	572	1.13%	414	55.98%	71.89%	2,986	5.53%	2.48	0.10	15.7
16	黄金苦荞茶	114	242	0.47%	330	53.37%	137.41%	1,512	8.15%	6.06	0.08	9.3
46	黑苦荞茶	39	83	0.12%	57	63.93%	89.71%	2,059	16.16%	0	0.02	6.3
11	彝乡人苦荞茶	188	463	0.91%	283	50%	60.95%	1,355	3.05%	1.2	0.14	5.7
30	云南苦荞茶	61	121	0.23%	115	37.30%	94.74%	2,420	6.77%	1.41	0.03	4.1
32	红荞地苦荞茶	56	113	0.21%	99	37.96%	87.10%	1,515	6.45%	0.38	0.04	3.7
36	苦荞茶 全胚	51	132	0.25%	129	23.94%	97.93%	3,171	6.21%	2.66	0.02	3.2
53	苦荞茶功效	34	51	0.10%	44	17.02%	85.45%	22	7.27%	2.42	1.03	2.5
21	大凉山苦荞茶	90	177	0.34%	102	41.07%	57.14%	2,931	2.55%	3.16	0.03	2.3
17	苦荞茶袋装	96	166	0.32%	62	60.67%	47.65%	2,581	2.15%	3.23	0.04	2.1
69	红荞地苦荞茶500克	23	40	0.07%	36	60.53%	88.37%	414	6.98%	0	0.06	1.7
72	苦荞茶 批发	23	37	0.07%	49	16.98%	135.90%	402	3.13%	0	0.06	1.2
92	彝乡人苦荞茶500克	15	27	0.05%	20	28.57%	75%	156	7.14%	0	0.10	1.1
66	高山彝人苦荞茶	26	70	0.13%	62	23.68%	88.16%	1,093	3.95%	0	0.02	1.0
41	苦荞茶 散装	47	101	0.19%	66	21.28%	84.66%	926	1.80%	2.31	0.05	0.8

4.2.4 第四步：利用“生 e 经”的“我的情报”功能分析市场潜力

在“生 e 经”中有一个“我的情报”功能，可以初步判断市场潜力大概有多大，方法如下：

先打开“生 e 经”，找到“我的情报”功能：

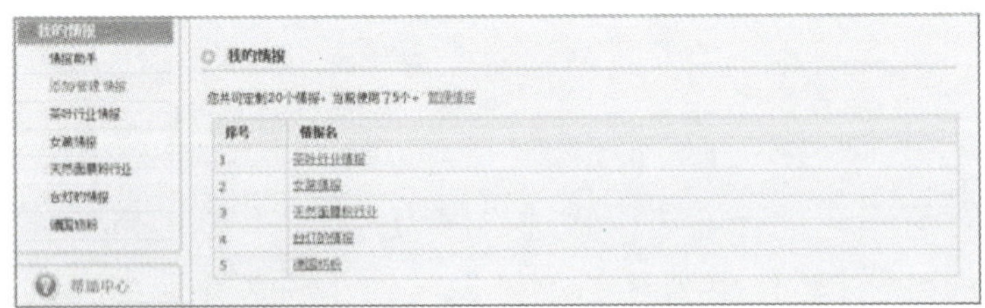

点击“添加/管理　情报”：

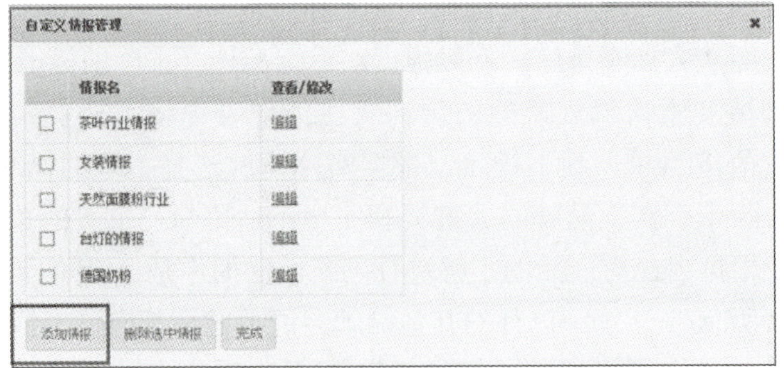

然后在“自定义情报管理”界面中点击“添加情报”：

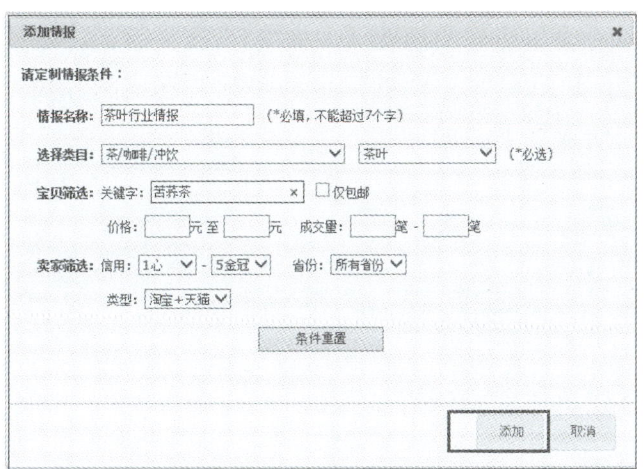

对各个条件进行设置后，点击“添加”即可。

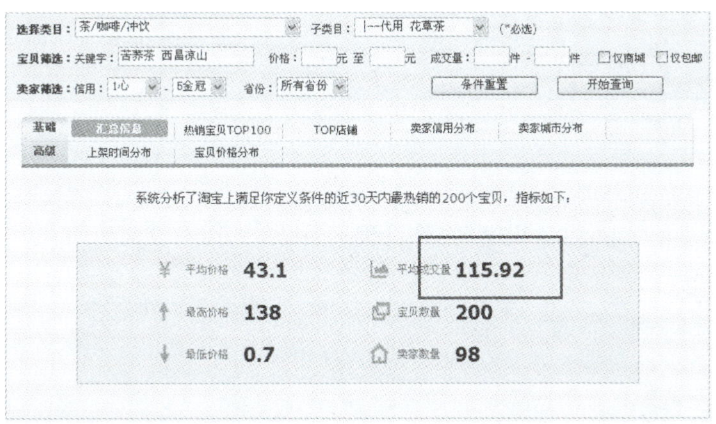

以后每次点击这个情报时，关于这个行业某个关键词（如“苦荞茶 西昌凉山”这个关键词）的市场状况，包括平均价格、平均成交量、宝贝总数等信息就都会展现出来。我们可以对当前这个关键词所带来的市场规模做一个基本分析，然后结合其他因素综合考虑应该选择哪一个长尾关键词。

Section 4.3 大卖家和销量较高的人气商品如何选择关键词

对于大卖家和综合质量分已经较高的商品，应尽可能在宝贝标题中，在不影响阅读和违规的前提下，放置热搜关键词，这样可以带来更多的展现机会，进而带来更多的流量。热搜关键词的寻找方法如下：

（1）淘宝搜索框下面的词

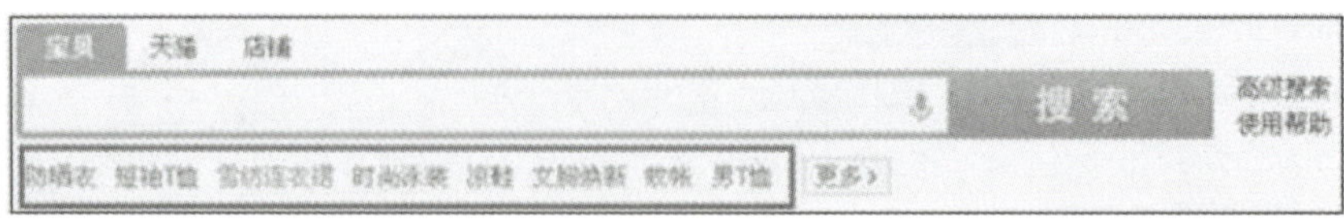

（2）类目模块特殊颜色的词

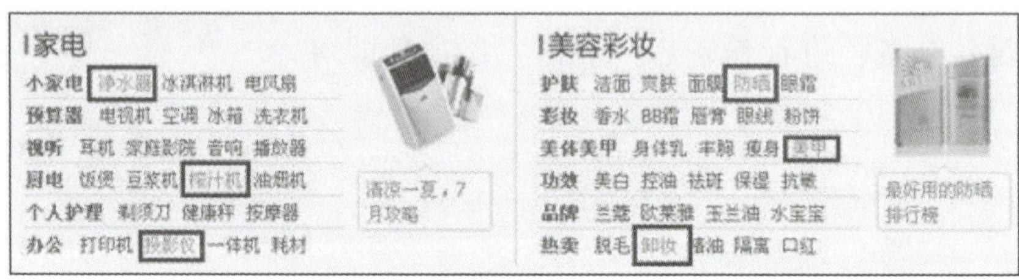

（3）淘宝排行榜（http://top.etao.com）中的关注热门

排行榜分类

服饰　数码家电　化妆品　母婴　食品　文体　家居　车品玩具宠物

总榜

今日关注上升　一周关注热门　　按关注指数由高到低排序

排名	关键词	关注指数	升降幅度	升降位次
No.1	雪纺连衣裙 夏 2013	5044591	35%	1位
No.2	T恤 短袖 女	3301218	35%	4位
No.3	女 雪纺衫	3279352	23%	2位
No.4	女凉鞋新款2013	2403009	23%	0位
No.5	短裤 女 夏	2355774	16%	0位
No.6	T恤 女 短袖	2317924	27%	3位
No.7	女凉鞋	2118440	37%	6位

（4）搜索时的下拉关键词

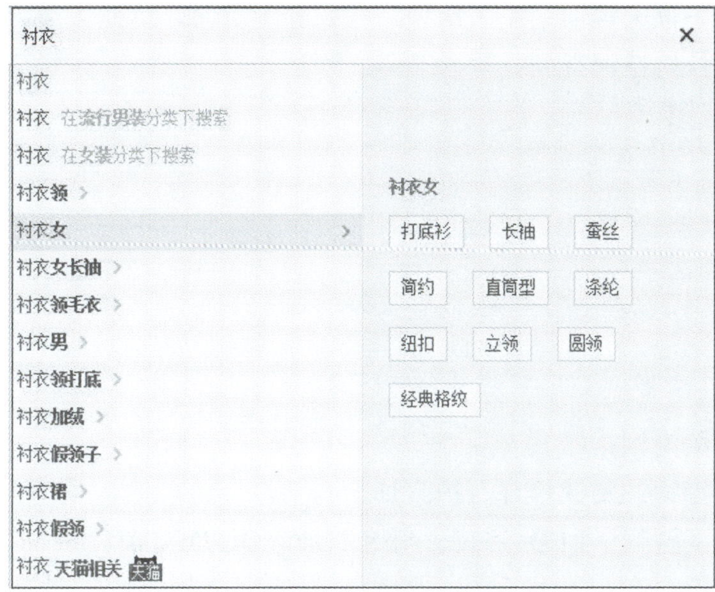

（5）数据魔方中的行业关键词热搜排行榜

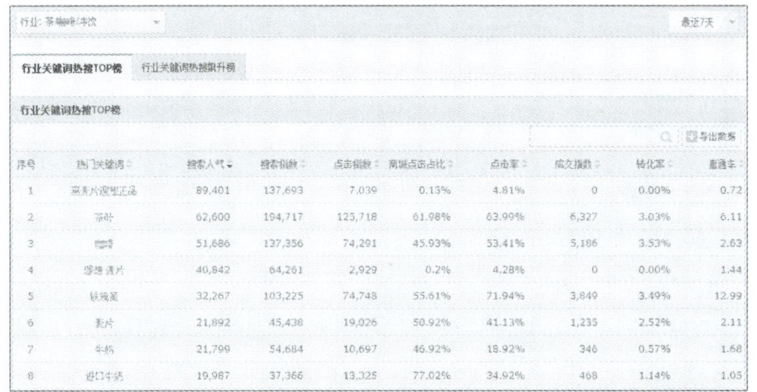

行业：茶咖啡/冲饮　　最近7天

行业关键词热搜TOP榜　行业关键词热搜飙升榜

行业关键词热搜TOP榜

导出数据

序号	热门关键词	搜索人气	搜索指数	点击指数	商城点击占比	点击率	成交指数	转化率	直通车
1	[illegible]	89,401	137,693	7,039	0.13%	4.81%	0	0.00%	0.72
2	茶叶	62,600	194,717	125,718	61.98%	63.99%	6,327	3.03%	6.11
3	[illegible]	51,686	137,356	74,291	45.93%	53.41%	5,186	3.53%	2.63
4	[illegible]	40,842	64,261	2,929	0.2%	4.28%	0	0.00%	1.44
5	[illegible]	32,267	103,225	74,748	55.61%	71.94%	3,849	3.49%	12.99
6	[illegible]	21,892	45,438	19,026	50.92%	41.13%	1,235	2.52%	2.11
7	牛奶	21,799	54,684	10,697	46.92%	18.92%	346	0.57%	1.68
8	进口牛奶	19,987	37,366	13,325	77.02%	34.92%	468	1.14%	1.05

Section 4.4 宝贝标题的写作

一般情况下，宝贝标题的基本结构是：上位关键词+主关键词+下位关键词，在满足这个基本结构的基础上，将前面所选择出来的黄金关键词在考虑淘宝分词规则的基础上融入进去。举例如下：

为一款 LED 创意台灯写一个标题，首先找到这款台灯的所有上位关键词、下位关键词、主关键词，在发布宝贝时，这些关键词可以通过类目词以及属性词得到。

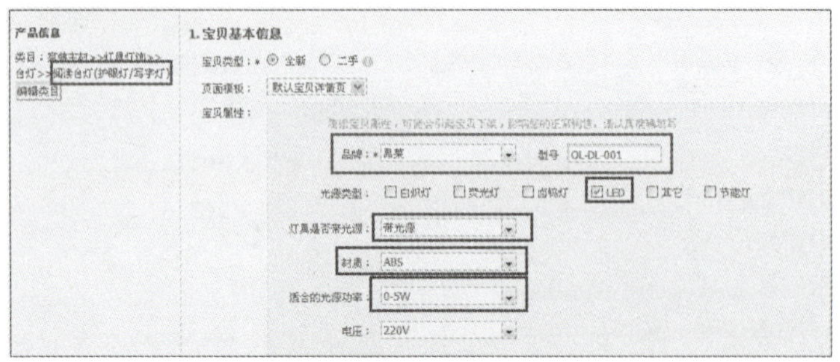

上位关键词：昂莱

主关键词：阅读台灯、护眼灯、写字灯

下位关键词：LED、5W、ABS 材质、OL-DL-001

然后我们以 LED 台灯、护眼台灯等四个词为主关键词（多选几个）进行分析，选取黄金长尾关键词。

A	B	C	D	E	F	G	H	I
ID	关键词	搜索人气	占比	点击指数	商城点击占比	点击率	当前宝贝数	转化率
1	led台灯	8521	64.46	27845	23.97	103	159017	2.03
2	led台灯 护眼 学习	849	5.45	1312	51.74	53.94	30511	3.2
4	led台灯 可调光	338	1.87	531	24.21	62.29	3987	2.27
6	led台灯夹子灯	169	1.17	363	26.89	67.49	6653	1.65
8	创意LED台灯	160	0.99	188	12.44	40.74	27769	1.36
5	led台灯包邮	158	1.34	409	29.65	66.57	35436	2.59
13	LED台灯 卧室 床头	84	0.61	87	29.47	30.25	13603	2.23
20	折叠led台灯	49	0.28	88	31.25	65.31	20365	2.04
22	护眼LED台灯	37	0.25	52	50	43.75	49814	3.13
33	夹子led台灯 护眼 学习	35	0.19	66	40.85	71	3545	4
27	led台灯 充电	32	0.23	76	54.22	70.34	47865	7.63
38	调光led台灯	31	0.17	66	29.58	82.56	11776	2.33
32	led台灯 护眼 学习包邮	23	0.2	48	47.06	49.51	10971	3.88
66	高亮LED台灯	22	0.09	43	21.74	97.87	4783	8.51
49	LED台灯 夹子	22	0.13	76	32.93	122.39	6653	4.48
63	led台灯灯泡	22	0.1	31	60.61	62.26	4692	3.77
46	led台灯触摸	15	0.13	42	26.67	66.18	8827	2.94

在这些基础上，组合出来的宝贝标题为：

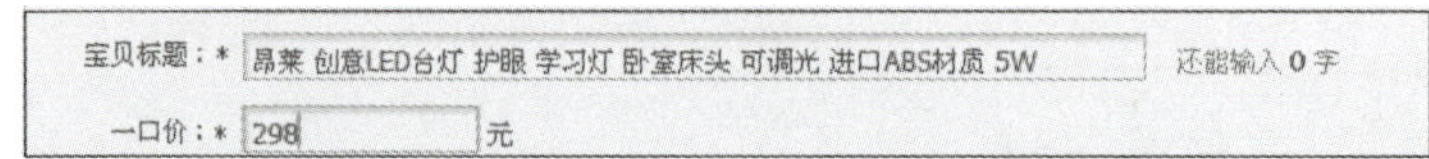

在这个宝贝标题里面，符合三个特点：

- ◆ 包含用户熟悉的关键词（包含了四个主关键词：LED 台灯、创意台灯、护眼台灯、学习台灯；几个优质的黄金词：LED 台灯护眼 学习、创意 LED 台灯等）。
- ◆ 阐述了产品的特点（LED 光源、ABS 材质、5W 功率、昂莱品牌、可调光）。

◆ 阐述了产品带来的利益（创意的、护眼、能放在卧室床头的）。

Section 4.5 宝贝标题的持续优化

消费者的搜索行为是不断变化的，因此，宝贝标题的优化也不会是一劳永逸的工作。运营人员要根据相应的数据分析，对宝贝的标题进行持续优化，如关键词的转化率等。

第 5 章

展现≠点击：谈宝贝首图的优化

用户在淘宝上搜索相关关键词进入搜索结果页面后，每页都会展示 40 个商品（第一页会展示 44 个），有展示并不意味着就是一个流量，只有用户点击以后才算一个流量。那用户会点击什么样的宝贝呢？毫无疑问，绝大多数情况下，只有看到一个自己喜欢的主图时才会点击。如果从这个角度看，不管是关键词搜索流量，还是类目搜索流量，好的排名和更多的展现只是前提，只有有一个好的首图，才会带来更多的流量。甚至可以说首图是决定商品能否存活的关键因素。

Section 5.1 一个优秀的首图应该具备哪些要素

商品的主图是脸面，如果脸面都不好看，消费者自然不会买账，甚至根本不会去点击，或者点击后匆匆关闭。产品的首图是卖家将店铺宝贝的重要信息传达给卖家的重要窗口，所以必须起到准确传达信息的作用。在真实、清晰的基础上，应该尽可能地强化产品卖点，同时适当加入促销的因素，这样就可以给消费者留下比较好的印象。

（1）真实、清晰、完整地展示产品

真实、清晰、不变形是商品主图最基本的要求，必须要能完整地展示产品，否则就会降低宝贝首图的质量，不仅吸引不到买家，甚至会起到负面效果。看两组商品的主图：

很明显这一组的主图效果很好，真实、清晰，并且突出了重点，非常好地表现了产品本身。左边的图片，可以看到模特的表现力非常好，并没有抢走衣服的风采，所采取的方法就是截掉头部，也可以采取不对视的方式，也就是模特的眼睛不看着镜头。右边的图片更直接，突出的主体完全是商品本身，非常清晰，非常真实，并且图片没有变形。

再看下面一组图，很明显是有缺陷的。左边的图貌似展示了好几款衬衣，但都只展示衣服的一部分，买家看不到衣服的全貌；右边图片明显变形，本来非常有质感的品牌衣服一下子失去了光彩，模糊的图片也失去了真实感，这是所有真人模特衣服做主图时的大忌。

（2）突出产品的卖点和亮点

卖点的提炼有很多方式，可以利用商品的独特功能，如大小、材料、形状、重量等。还可以利用消费者的心理、竞争对手的状况等。有时还可以利用抽象的卖点进行提炼，如非常著名的鞋子会透气的首图，用一种非常有趣的方式来诠释了这个鞋子是透气的这一抽象卖点。

另外，卖点的提炼不能太多，一个最好，最多不能超过两个。在首图上千万不能堆砌太多的卖点，尤其是利用文字的堆砌突出太多的卖点，这样会让消费者产生很不舒服的视觉感受。大多数买家还是比较喜欢清晰和商品就是本身的真实感受，比如下面这张图就会给消费者非常不好的感觉。

（3）卖点中适当地加入一些促销元素

为了制造一些购买的紧迫感（限时或者限量等），可以在主图上加上一两个促销的信息（尤其是淘宝 C 店）。比如满就减、包邮、限时特价，等等，但切记不能有太多的文字，要注意排版清晰、色彩和谐，最主要的是不能喧宾夺主，抢了商品的风头。比如下面一组图：

可以很明显地看出，左边的那张图就很好地加入了两个促销因素，一个是限时特价，还有一个是通过万人疯抢增加了紧迫感，同时也没有抢了商品的风头，整个图片的主题依然是这个鞋子；但是右边图就不一样了，文字太多，同时还有一个毛病就是提炼的亮点太多：包邮、价格疯抢、首次降价、名品，等等。

Section 5.2 如何利用首图上的文字展现产品卖点

在不违规、不影响图片美观布局、不抢商品风头的情况下，在首图上放一些画龙点睛的文字（不是包邮、秒杀、满就送、热销××件的类似文字），对于吸引点击是非常有好处的。

首图上的文字主要有两个作用：描述看不见的感觉、描述隐含的卖点。看下面这两张图：

这两张图都有画龙点睛的文字，左边的图是“一衣三穿”，右边的是“轻松遮住小肚腩”。左边的图描述了隐含的卖点，右边的图则描述了一种看不到的感觉。

利用首图上的文字展现产品卖点，一定是在对产品进行充分了解的基础上进行的，但需要注意以下几个关键问题：

（1）一个好的卖点必须有冲击力、感染力

好的卖点要能打动目标受众，让他们在情感上产生共鸣，从而能够认同它、接受它，直至主动传播，形成病毒式扩散。对于产品而言，一个好的卖点是能够产生销售力的，在市场竞争中能够有效地区隔竞争产品，在同类产品中脱颖而出。比如，淘宝上的 MR.ING 的鞋子会呼吸就是一个非常独特的、非常有冲击力的卖点。

（2）产品的卖点应该只有一个

卖点只有一个就足够了，太多反而会影响消费者的记忆。消费者对信息的接收、理解和记忆等都是有限度的，太多的信息容易造成消费者的记忆混乱，所以一个产品只需要有一个能足够冲击的卖点即可。产品在互联网上销售时，产品的卖点主要是在商品的主图上进行体现。许多卖家为了能够吸引消费者，认为应该把一切可能的卖点都在主图上展示出来，如促销、包邮政策、产品优势，等等，这样做的后果就是消费者根本不知道你要突出的重点到底是什么。都是优势与没有优势的概念是一样的，因此，产品的卖点应该只有一个。

（3）提炼出来的卖点应该尽量创新，不能总是模仿，没有差异化

模仿他人就不容易出众。缺乏差异性，往往不能让人注意并记住。这一点如果在诉求点上将会特别明显。诉求点上与他人相同、相似或相近，就很难逃脱别人的“桎梏”，所产生的促销力度也明显小很多。对于网络营销而言，创新是非常关键的一个因素，一个网络营销从业者的创新能力在很大程度上会决定他在互联网上的成就。

（4）提炼出来的卖点应该让消费者愿意买账

有时很费力地找出的差异化，消费者并不一定就买账。比如，我们在一个城市的最高地方建了一座餐厅，提炼的卖点是这个餐厅是这个城市中的最高点。有消费者愿意为此多付出成本么？可以说很少。因此，卖点应该更多地去体现消费者的利益，让消费者能够得到真正的实惠。

（5）提炼卖点时的广告语不能过于恶俗

不管是传统的，还是新媒体下营销的广告语，消费者对强行推销的手法都会感到厌烦，广告语应在保证创新的基础上还要有一些品位，才能吸引消费者。

Section 5.3 24种提炼差异化卖点的方法

差异化战略主要指的是公司提供的产品或服务别具一格，或功能多，或款式新，或更加美观。如果别具一格战略（也就是差异化战略）可以实现，它就成为在行业中赢得超常收益的可行战略，因为它能利用客户对品牌的忠诚而处于竞争优势。在淘宝上，差异化显得更为重要，面对众多选择，如果你的产品能够在消费者心中占据一席之地，无疑也就掌握了最核心的竞争力。

在淘宝上，消费者可以选择的机会很多，只有差异化才能形成店铺的核心竞争力。每一种产品总要给消费者购买的理由（利益或价值），卖家需要把这种理由传达给消费者，而这种传达需要一些清晰的概念以便消费者更容易地理解，这就是营销传播概念，这是形成差异化

的关键所在。营销传播概念并不单指一句广告语，还可以是一个说辞，或者是广告文案中的一部分解释等。

就产品本身来讲，大家给消费者的购买理由似乎都一致，如电视为你提供休闲娱乐，洗衣机帮你把衣服洗干净，游戏让你放松，等等，但是在竞争激烈的市场环境中，尤其是在互联网上，这远远不足以成为购买的理由，因为产品本身的功能是同质化的，而消费者的需求却是多样化、个性化的，这种情况下，差异化成了永恒的营销法宝。由于产品本身实质性的差异很难找到而且实现的难度较大，在这种情况下，提炼优秀的营销传播概念成一种简洁有效的营销法宝，功能有限、技术突破有限，而消费者心理感受是无限的。

那么应该如何提炼这种营销传播概念，从而形成企业的差异化竞争优势呢？这实际上就是定位的核心，企业必须找到一个独特的卖点，这种卖点可大可小。下面就给大家提供一些思路上的总结，在此基础上能够举一反三才更为重要。这些差异化的工具一共分为五类，共 24 种具体的方法（这些方法都是来自于线上、线下成功案例的总结）：

5.3.1 工具一：来自于产品本身的差异化

产品本身就是最常被利用制造差异化的工具，主要方法有：

（1）利用产品的外观形式来建立差异化竞争优势

这一点包括产品的外观设计、形状、结构等方面的新颖别致。很多时候，消费者在网上购物很大程度上是为了“淘新奇”，如果在外观上尽可能地表现出与竞品的不同之处，就容易建立差异化竞争优势。某生产电子手表的厂家，在淘宝上开了几家 C 店，没有什么品牌知名度，但是销量都非常好，原因就在于该家手表的款式更新速度非常快（几乎每周都会上新十几款），再加上价格不贵（全部都是 48 包邮），因此吸引了大量的网购用户。

（2）产品在某一方面的特色更容易形成差异化

一般指的是对产品某些基本功能（或者基本结构）的增补，率先推出某些有价值的新特色将会是非常有效的竞争手段之一。比如

NALA 刚开始在淘宝上经营时，通过一个叫谜尚的品牌，率先提出了“BB 霜”的概念，从而建立起核心优势，大获成功。无独有偶，一个朋友代理了一个韩国的化妆品品牌，主要目标人群是大学生，其中有一款产品很有意思，将口红、眼影、粉底三种东西做成了一款“三合一”的产品，而成为突破市场的“先锋队”。

（3）利用商品的原材料形成差异化

如果能在原材料上形成优势，也可以作为产品的差异化卖点进行宣传。比如面膜的淘品牌“御泥坊”，其打造的核心竞争力就是不可复制的、世界独有的面膜原材料——滩头矿物泥浆，“富含多种人体所需矿物微量元素”、“矿物护肤”、“矿物保湿”等宣传卖点，让这个面膜品牌通过淘宝打开了一片天地。“仲景牌”中药利用“药材好，药才好”的宣传语，突出产品的原材料优势，建立起消费者对品牌的信任。潘婷洗发水宣传成分中有 70%是用于化妆品的，让人不能不相信其对头发的营养护理功能。做互联网的人对下面的广告宣传语应该很熟悉吧：“纯正泰国野葛根，内含促进乳房二次发育的异黄酮……”，没错，这就是四处可见的丰胸产品广告，同样是主打原材料概念。

（4）在产品的大小上提炼差异化卖点

当所有竞争对手品牌的产品规格都一样时，如果能在大小上做出突破，也是一个很不错的竞争思路。比如世界上著名的“甲壳虫”轿车，风靡世界几十年，理由就是“我们是世界上最小的汽车”；英国一家网球拍生厂商号称生产世界上最大的网球拍，销量在所有的网球拍品牌中名列前茅；一家卖女装的淘宝店铺，定位为大码女装，专门为“胖美人”提供服务，积累了大量的忠实客户，在激烈的女装红海中脱颖而出。

（5）商品的耐用性也可以形成独特的卖点

尤其是对于一些技术更新不快的产品，耐用性强肯定能够增加产品的价值并形成核心竞争优势。“日丰管，管用 50 年”，几乎在每一个装饰城都能看到这个广告语，耐用性也成为日丰管的最大卖点；一些 LED 台灯也会宣传自己的寿命长达几万个小时。但是这种商品的耐用性对于一些时髦或者更新速度比较快的商品来讲，意义就不大了。比如手机，更新换代的速度非常快，时尚的外观、强大的功能才是决定性的竞争力量。

（6）商品的可靠性

也就是说在一段时间内，产品能够以一种良好的状态发挥作用的可能性。企业可以通过降低产品的缺陷，提高可靠性。比如一个笔记本厂商可以宣传自己的液晶屏出问题的概率不到千分之一；淘宝上很多减肥产品经常会宣扬，使用自己的产品可以保证 95%以上的人群都是有效果的（虽然大多时候，效果只属于那 5%，但消费者还是更愿意相信这种可靠性方面的承诺）。

（7）产品的风格也可以形成差异化

也就是产品给予消费者的视觉和感觉方面的效果。独特的风格往往使产品引人注目，有别于乏味、平淡的商品。尤其是在食品、化妆品、卫生用品和小型消费品方面，更应该充分地使用包装这一武器，在风格上影响顾客的购买。

（8）从产品的颜色上形成差异化

如果竞争对手的品牌在颜色上都是千篇一律的，若能显得与众不同，也可以形成独特的卖点。一般的牙膏都是白色的，因此当一种透明颜色或者绿色的牙膏出现时，消费者会觉得这款牙膏肯定好。高露洁有一款三重功效的彩条牙膏，膏体是由三种颜色构成的，给消费者的直观感受就是：白色的在洁白牙齿，绿色的在清新口气，蓝色的在消灭口腔里的真菌。在互联网上，很多网站在颜色上独特的视觉效果也已成为一种标志，比如淘宝网充满活力的橙色。

（9）从产品的味道上形成差异化

举一个简单的例子：牙膏在我们的概念中应该是什么味道的？薄荷味！绝大多数消费者都会是这样的答案。因此，当 LG 竹盐牙膏标榜自己的味道是咸的时，大家觉得这牙膏肯定厉害。所以后来又有了苦味儿的牙膏，甚至草莓味、巧克力味……，这就是差异化的威力。

（10）从产品的重量上形成差异化

有时在消费者的心目中，分量重代表着质量过关。我们迅途网商俱乐部在 2013 年下半年时接触了一个家用美容仪器的品牌，他们有一款产品是用于瘦脸的美容棒。在刚开始接触这个案子时，当合作厂家把产品的价格等信息发过来以后，我立即安排专门的数据分析人员进行了相关的市场分析。结果第二天，分析人员告诉我："这个产品没法儿做！"，理由是"价格太高"，供货价格比淘宝上许多商品的卖价还要高。我马上跟厂家联系，询问具体原因。

厂家告诉我们："大家都宣传自己是24K黄金的棒头，但淘宝上绝大多数的产品都不是24K黄金的。"

我问："如何区分？"

厂家："很简单，淘宝上那些商品的重量跟我的商品至少相差十多克。"

我们马上抓住这个信息，将产品的"重量优势"作为一个独特的卖点凸显出来，虽然商品的价格比其他卖家要贵很多，但这款产品在当时依然表现很出色。

（11）利用产品的功能组合形成差异化

组合法也是非常常用的一种创意方法，甚至许多商品的发明都是由此而来的。比如海尔有一款空调，号称可以除甲醛，其创意就是将普通空调和除甲醛的功能进行了结合。在互联网上更成功的例子就是2009年，凡客从日本引入的Rra-T，将女性的内衣跟上装（包括吊带衫、T恤、背心等）通过巧妙的设计工艺融为一体，解除了文胸内衣的舒服度，轻松地用一件衣服取代了传统的文胸内衣和外衣的双重束缚。这款产品使得夏季女性着装获得空前自由的同时，也创造了销量奇迹，为凡客带来了丰厚的利润和品牌知名度的提升。

（12）技术上的核心优势更难被仿造

有时，一项新技术应用到产品上以后，需要用一个消费者感觉明显（但不一定懂）的概念来传达，一个技术上的简单改进也可以成为营销者创造差异化的概念利器。比如脑白金提出的"脑白金体"、丰胸广告中提到的"异黄酮"、美的的"变频空调"、雅戈尔衬衣的"VI免烫"……，这些消费者不懂的概念都创造了强大的核心竞争力。

5.3.2 工具二：来自于服务方面的差异化

竞争的激烈和技术的进步，使在实体产品上建立和维持差异化变得越来越困难，于是，竞争的关键点逐渐向增值服务上转移。服务差异化主要表现在送货、安装、用户培训、咨询服务、修理等方面。

（1）最优质的送货服务

在互联网上，配送的好坏在很大程度上决定着用户满意度，包括送货的速度、准确性、配送人员的服务，等等。比如京东，曾做过一个调查：为什么喜欢在京东上购物。有相当比例的答案是："京东的物流配送太牛了！"速度快，服务好，顾客的忠诚度就高。

（2）产品在安装方面的服务

安装是指为了确保产品在约定地点正常使用而必须要做的工作。尤其是对于一些比较复杂的商品，如果能提供比较完善的安装服务，也能形成差异化的竞争优势。笔者买灯饰时，客厅的水晶吊灯和吸顶灯等全部都是从同一家的天猫店购买的，理由是这家店把所有可以提前做的安装工作都做好了，如挂水晶球，灯送到以后，只需要经过简单地处理就可以直接安装。

（3）给客户专业化的培训

有时产品本身的使用比较复杂时，如果能够提供给顾客专业的培训指导，也能打造核心竞争力。笔者微博上的一个粉丝，是在淘宝上做精油的，但因为没有品牌知名度，销量一直比较差。后来在多贝上学习了我的"电子书营销"课程，跟我沟通了几次，在我的建议下，制作了一本图文并茂的精油使用教程。因为大部分人都不太知道精油应该如何搭配，如何按摩，如何刮痧，等等。部分淘宝上的卖家虽然在宝贝详情页中也有相应的使用方法介绍，但都不专业、不系统。抓住这个机会，他制作了一本电子书，并将自己的精油广告植入进去，迅速提高了店铺的知名度，销量也节节攀升。

（4）免费的咨询服务形成差异化

咨询服务是指卖方向买方无偿地提供相关的一些资料、信息系统或者相关建议等。2009 年，天津一家儿童教育培训机构在天津大学租了一个大礼堂，搞了一个 300 多人的讲座，讲座结束后，还给每名家长发了一个小测试题让孩子做，然后会有相应的专家免费地根据孩子的答题情况进行现场分析，这就是通过免费的咨询服务形成差异化。

5.3.3 工具三：概念文化方面形成的差异化

（1）建一个新的品类

一个新的品类如果能占领消费者的心智，所形成的核心竞争力是非常持久的。最经典的案例当然是“七喜”非可乐碳酸饮料的概念，硬生生地从可口可乐和百事可乐的嘴中抢下了一块儿蛋糕。在互联网上，这种成功的案例很多，比如凡客的 Bra-T，谜尚的 BB 霜，等等。“搓泥浴宝”产品品类以前肯定没有，这就是新创建的一个品类。

（2）选择独特的目标市场

如果能够针对某个具体的目标市场，也可以成为优秀的传播概念，比如百事可乐的定位就是“新一代的选择”。淘宝未来的发展越来越追求小而美，有独特定位的店铺将会得到更多的机会，比如专门为“胖美人”服务的大码女装店。

（3）有故事也是一种优势

企业有一个好的典故也可以形成良好的传播概念，尤其是一些历史悠久的品牌，挖掘典故进行传播是一个非常有效的方法。比如王致和的故事、狗不理包子的故事，等等。很多企业都在自己的网站上（或者店铺里）设置一个“品牌故事”版块就是这个道理。未来的互联网很大程度上属于会讲故事的企业。

（4）打造产地概念的核心竞争优势

总会有一些产品具有“专属产地”的概念，比如说北京的烤鸭、宁夏的枸杞、新疆的葡萄干、烟台的苹果、甘肃的百合、西湖的龙井，等等。这些地域特色强烈的产品也具备非常明显的差异化竞争优势。比如，小糊涂仙酒会宣传“茅台镇传世佳酿”，而鲁花花生油会说自己是“精选山东优质大花生。”

5.3.4 工具四：价格方面形成的差异化

价格方面形成差异化只有两点，要么是超高价，要么是超低价。

（1）低价带来的冲击

如果你的产品可以做到在所有的竞争品牌中是价格最低的，这也可以作为一个核心卖点进行提炼。比如，在电脑还并不很普及时，“四千八百八，奔四扛回家”的传播主题让神州电脑大获成功就是一个很典型的例子。

（2）高价也是优势

还记得哈根达斯是怎么定位的吗？“冰激凌中的劳斯莱斯！”我就是最贵的，我就是最奢侈的。当然，前提是产品质量和服务必须足够给力。

5.3.5 工具五：其他营销要素形成的差异化

（1）分销渠道形成的差异化

通过设计分销渠道的覆盖面、建立分销方面的专长和提高效率，企业也可以取得渠道差异化方面的优势。线下的案例如雅芳，就是通过开发和管理高质量的直接营销渠道而形成差异化的。淘宝上有一家零食店铺，也通过招募大量的淘宝客建立了在分销方面的竞争优势。

（2）人员形成的差异化

如果你有一群训练有素的客服人员和服务人员，尤其是在服务行业中，会是十分关键的因素。比如，新加坡航空公司之所以享誉全球，就是因为其拥有一批美丽高雅的航空小姐；迪斯尼乐园的雇员都精神饱满；麦当劳的人员都彬彬有礼；IBM 的员工给人以专业的形象；海底捞的所有员工都充满激情……

第 6 章
千人千面——全面了解淘宝的个性化搜索

所谓个性化搜索，指的是淘宝在你进行某一个搜索动作时，它会根据你以前的购买行为和网络浏览痕迹，基本判断你最有可能成交的商品。因为消费者是存在个性化需求的，有人喜欢韩版风格的衣服，也有人喜欢田园风格的；有人喜欢便宜的，也有人喜欢高端的……因此，当搜索同样的关键词时，展现在不同消费者面前的搜索结果也是不一样的。比如，同样是搜索衬衣，展现在“高富帅”面前的更多的都是 500 块钱以上的，而展现在“屌丝”面前的会以“59 包邮”的商品为主，这就是淘宝的个性化搜索。

Section 6.1 淘宝为什么要推出个性化搜索

每一个用户的每一个行为背后都是有驱动力的，当他在做某一件事情时，一定是有预期的，购物也不例外。每一个消费者在打开淘宝时，不管是具体的，还是模糊的，其心理都有一定的预期。当顾客在搜索“达芙妮 高跟鞋”时，她所表现出来的需求是：想要一双鞋，这双鞋是高跟的，而且是达芙妮这个品牌。但是如果她只是输入了“高跟鞋”，并没有输入品牌名，是不是就代表着其没有明确的需求呢？也不是，只不过他自己没有通过搜索表达出来而已。

消费者在进入淘宝网后，在产品的风格、款式、面料、价格等基本属性方面其实都已经有了一个基本的预期，比如“一件儿修身、韩版的连衣裙”、“一部三星宽屏的手机”、“一双达芙妮的春款高跟鞋”……

既然是有相对明确的心理预期，那么当用户在搜索“连衣裙”时，她更想看到的是韩版的、修身的，甚至会有明确的心理价位的（如想花 300～500 元买一件连衣裙），如果这时淘宝展示了很多欧美风格的、日系的，或者展示的大多数都是 50 块钱左右价位的裙子，就会影响用户的购物体验，基于此，淘宝是一定要推出个性化搜索的。

我们可以从一个小例子来看淘宝个性化搜索推出的必要性。随便在淘宝上搜索任意一个关键词，如山地自行车。

宝贝 山地自行车 搜索 高级搜索

羽绒服 毛呢外套 短靴 打底裤 秋冬连衣裙 新款毛衣 手机 充电宝 棉衣 时尚女包 雪地靴 妈妈装 马丁靴 更多

假设有一个消费者想买一辆 1500 元左右的山地自行车，那么我们就可以直观地认为：他实际上是不想看到那些两三百块钱一辆的自行车，也不想看到那些 5000 块钱以上的自行车。我们可以来验证一下这个结论，将鼠标放在一款 1500 左右的宝贝图片上，这时在这个宝贝的右上角会出现四个小圆圈，分别显示：相似、同款、同店、搭配：

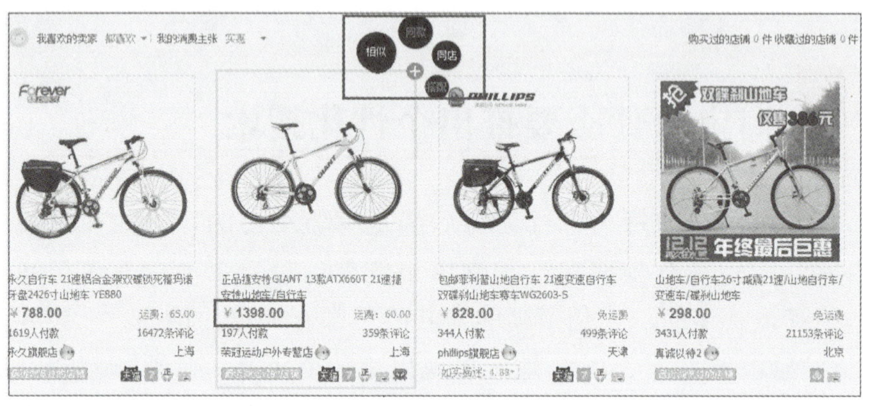

点击“相似”，出现的搜索结果页如下：

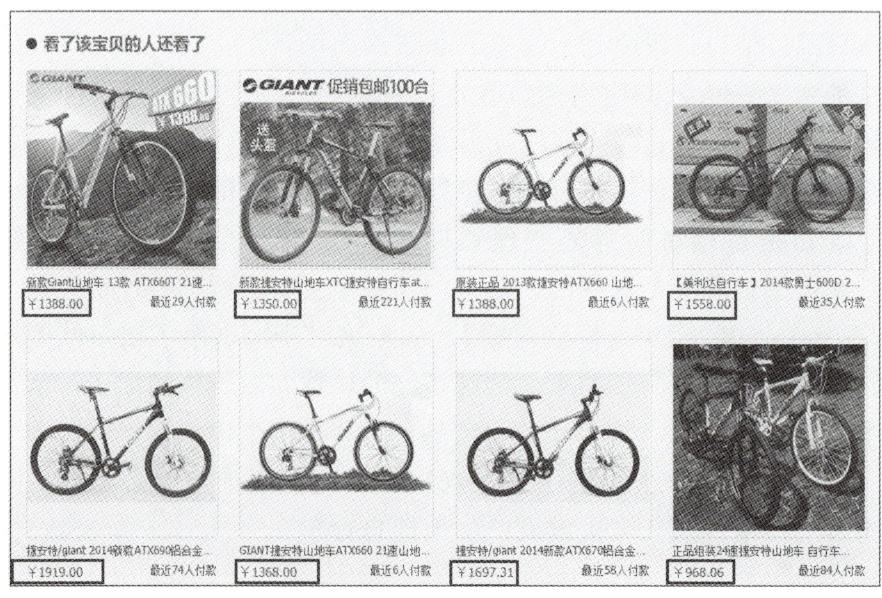

我们从“看了该宝贝的人还看了”信息栏中可以发现，这些消费者点击并且观看的，基本都是在 1500 左右价位的自行车，他们可能不愿意去点击那些价格明显偏低或者明显超过自己预期的商品。因此，为了让用户的购物体验更好，为了能尽可能提高用户的购物效率，也许不久的将来，当这些人再搜索“山地自行车”时，那些两三百一辆的自行车以及价格很高的自行车根本不予展示。

Section 6.2 个性化搜索带来的影响

个性化搜索出现时，给很多淘宝卖家带来了恐慌，尤其是一些中小卖家，认为个性化搜索使得淘宝 SEO 工作成为多余的事情。但实际上，个性化搜索带来的影响明显是利大于弊的。

（1）依靠爆款将很难横行天下

以前，很多淘宝店铺纯粹依靠爆款产品引流。但在个性化搜索下，爆款产品将会失去一定的引流价值。如果这个爆款产品的品质和服务没有跟上，流量下跌的将会非常明显，即使销量再高，搜索排名的前列也不会出现这个产品的身影。

（2）优质的中小卖家有了更多的机会

中小卖家只要拥有优质的产品，能够提供优质的服务，即使产品的价格较高，销量较低，也会被淘宝推荐给特定的人群。淘宝流量的分配将更加合理，每一个进来的流量将会更加精准。

（3）消费者更容易购买到最称心的商品

个性化搜索以后，淘宝推荐给消费者的产品将会更加贴近消费者的实际需求。消费者也将更容易购买到真正的好品质、好服务的商品。

Section 6.3 未来的个性化搜索主要体现在哪些方面

随着淘宝搜索技术的发展，未来的个性化搜索将会在越来越多的方面展现，淘宝也必然会给消费者提供更加人性化的购物体验。总的来说，未来的个性化搜索可能会在以下五个方面体现出来，只是猜测，仅供参考。

（1）年龄

这一点很好理解：根据消费者年龄层次的不同，淘宝在其搜索时，展示与他们的年龄最相符的产品。比如 80 后会喜欢时尚风格的衣服，90 后可能就喜欢非主流的衣服。在他们进行搜索时，搜索引擎就会根据他们的年龄阶段展示与之相匹配的宝贝。

（2）性别

根据消费者性别的不同，在他们用淘宝搜索时，会展示与性别最相符的产品。比如女性在搜索“衬衣”时，就会主要展示（甚至是全部展示）女款的衬衣；而如果是一名男性消费者，则就会主要展示男款的衬衣。

（3）消费档次

一个高富帅在搜索“衬衣”时，如果展示给他的都是 49 包邮的产品，那么他会认为是对自己的一种“侮辱”，导致购物体验会很差。他真正想要的是那些 500 块钱以上一件的衬衣。

（4）地域

根据消费者地域的不同，他们在用淘宝搜索时，会优先展示他所在的这个区域的卖家的产品。理由很简单：物流。地域上的距离短，理论上是可以缩短物流方面的运输时间，从消费者的角度而言，他们可以更快地拿到自己的产品；而卖家也可以降低自己的物流成本。

（5）属性偏好

同样是搜索羽绒服，在品牌、版型、风格、薄厚、领型等很多方面，不同的消费者都会存在着一定的差异性。比如一个消费者一直购买韩版的连衣裙，当搜索羽绒服时，淘宝的搜索引擎会认为她也想要一款韩版的羽绒服，于是韩版的羽绒服就会被优先推荐。

Section 6.4 淘宝个性化搜索的应对

作为平台，淘宝一定会越来越致力于提升淘宝买家的搜索体验，提高整体淘宝商品的品质，这种变革是不可逆的，是一种大的趋势。优秀的卖家应该把更多的精力投入到产品和服务上，而不是去研究规则的漏洞。淘宝的规则将会更加客观、公正。应对个性化搜索的方法很简单：不断提高产品和服务质量，不断优化用户的购物体验，关注消费者的感受和利益才是王道。

小结

不管实际情况如何，淘宝都是有自己的核心价值观：消费者第一。淘宝的客户表面上看来有两个：卖家和消费者。但是因为卖家是为消费者服务的，所以归根结底，淘宝的客户只有一个：消费者。只有更多的消费者才能为卖家带来更多的利益，进而为淘宝这个大平台带来更多的利益。

在 SEO 领域有这样一句话：SEO 的最高境界就是让 SEO 变成多余的事情。那是因为，所有的搜索引擎最根本的目的一定是将最好的信息推送给目标受众，所以，不管排名算法怎么变，不断地优化用户体验从大趋势上来看总是不会错的。当然，我们不敢说淘宝 SEO 的最高境界就是让淘宝 SEO 变成多余的事情，但淘宝自己曾说过，淘宝搜索的最终目的就是让大家可以不用 SEO，而是将更多的精力放到优化用户体验上。